Ellen Jaffe Jones | Alan Roettinger

Paläo vegan

Ellen Jaffe Jones
Alan Roettinger

paläo vegan

Leckere und gesunde Rezepte auf rein pflanzlicher Basis

riva

Bibliografische Information der Deutschen Nationalbibliothek:
Die Deutsche Nationalbibliothek verzeichnet diese Publikation in der Deutschen Nationalbibliografie; detaillierte bibliografische Daten sind im Internet über http://d-nb.de abrufbar.

Für Fragen und Anregungen:
info@rivaverlag.de

1. Auflage 2015

Nymphenburger Straße 86
D-80636 München
Tel.: 089 651285-0
Fax: 089 652096

Die englische Originalausgabe erschien 2014 bei Book Publishing Company unter dem Titel *Paleo vegan – plant-based primal recipes*.

Übersetzung: Matthias Michel
Lektorat: Ines Lauffer
Umschlaggestaltung: Maria Wittek, dem Original nachgebaut
Satz: Carsten Klein
Druck: CPI books GmbH, Leck
Printed in Germany

ISBN Print 978-3-86883-689-9
ISBN E-Book (PDF): 978-3-86413-863-8
ISBN E-Book (EPUB, Mobi) 978-3-86413-864-5

Inhalt

Danksagungen

Ellen Jaffe Jones Dieses Buch ist all jenen gewidmet, die nicht glauben wollen, dass man einen sportlichen Wettkampf gewinnen kann, wenn man sich vegan ernährt. Tiefe Dankbarkeit empfinde ich gegenüber den Ärzten, die mir die Anweisung gaben, meine Ernährungsgewohnheiten und meinen Lebensstil zu ändern. Sie haben mich davor bewahrt, jahrzehntelang an schmerzhaften Krankheiten und Folgeerkrankungen zu leiden wie meine Familie. Ich danke Dr. Gary Wasserman, der Stimme der Vernunft, dass er gängige Überzeugungen in Frage stellt!

Allen in meinem Verlag, der Book Publishing Company, danke ich für die fortwährende Unterstützung. Unendlich dankbar bin ich meinen »Verlegergurus« Bob und Cynthia Holzapfel für ihre Weisheit und meiner Lektorin Jo Stepaniak für ihre klugen Ratschläge und ihre Erfahrung. Thomas Hupp, John Schweri und Barbara und Warren Jefferson sorgten auf Lesereisen dafür, dass mir nie die Energie ausging, und unterhielten mich so gut, dass mir manchmal vor Lachen der Bauch wehtat.

Ein großes Dankeschön geht an Alan Roettinger – ein Magier in der Küche – für seine Rezepte und seinen Sinn für Humor, der uns auf dem Boden hält, ob in den sozialen Medien oder im wirklichen Leben. Ich liebe seine Kreativität und seine Intuition bei der Entwicklung moderner Gerichte auf der Basis längst vergangener Zeiten. Es war für mich eine Ehre, mit ihm zusammen dieses Buch zu schreiben.

Alan Roettinger Wie immer danke ich an erster Stelle der Kraft und der Weisheit des Lebens, denn ohne sie gäbe es mich nicht, und erst recht nicht die Rezepte in diesem Buch. Doch nicht nur dafür bin ich dankbar, und nicht alleine deshalb, weil ich lebe, sondern weil schon die geringste Bewusstwerdung, *dass* es so ist, mir unaussprechliche Freude schenkt. Nichts ist kostbarer oder schöner als das Leben selbst.

Dankbar bin ich für meine wunderbare Frau und meinen tollen Sohn, meine Schwestern (die nicht mehr alle unter uns sind) und meine vielen Freunde und Kollegen – sie alle geben meinem Leben noch mehr Sinn und Struktur. Ohne sie wären meine Projekte nur ein langweiliges, fruchtloses Unterfangen. Dankbar bin ich auch dem Hungergefühl, denn ohne es hätten Nahrungsmittel und Essen keine Bedeutung, der Lebensgenuss wäre schrecklich eingeschränkt. Und ich wäre arbeitslos.

Dankbar bin ich – wie schon drei Mal zuvor – der ganzen Mannschaft der Book Publishing Company, die mich mit Begeisterung auf einem weiteren Abenteuer begleitet hat. Die enge Zusammenarbeit und ihre einzigartig aufrichtige Lebenseinstellung berühren mich tief.

Dankbar bin ich auch wieder einmal meiner unvergleichlichen Lektorin. Ich habe das Gefühl, dass wir jedes Mal weniger diskutieren müssen, was wohl daran liegt, dass sie auf so großartige Weise freigebig ihr Wissen teilt (mit freundlicher Genehmigung ihrer unbedingten Genauigkeit). Dass ich mit meinen Büchern einen gewissen Erfolg erziele, ist zu mindestens 50 Prozent ihr Verdienst.

Vorwort

Angesichts der Tatsache, dass tierisches Eiweiß einen Hauptbestandteil so gut wie jeder Paläo-Diät darstellt, ist die Frage nahe liegend, wie sich Vegan mit Paläo verträgt. Nun, wir alle wissen, dass der erste Blick täuschen kann. Schaut man genauer hin, so überwiegen sogar die Gemeinsamkeiten zwischen Paläo- und veganer Ernährung. Natürlich verzichten Veganer auf alle tierischen Produkte, doch ansonsten steht der Speiseplan von Paläo-Enthusiasten weitgehend im Einklang mit veganen Grundsätzen. Veganer werden außerdem zustimmen, dass viele typischen Merkmale von Paläo, besonders die Konzentration auf frische und natürliche Produkte sowie die Betonung sportlicher Betätigung und ausreichender Ruhephasen, unmittelbar einleuchten.

Neben meiner Arbeit als Autorin und Personal Trainerin und als erfolgreiche Läuferin habe ich viel Zeit investiert, um die verschiedenen Möglichkeiten gesunder Ernährung auszuprobieren, und zwar hauptsächlich deshalb, weil in meiner Familie chronische Krankheiten verbreitet sind. Ich war die einzig Gesunde, aber schon in meiner frühen Jugend warnten mich Ärzte, wenn ich die Dinge nicht grundsätzlich anders anginge als meine Familienangehörigen, würde es auch mich irgendwann erwischen. Diese Worte machten enormen Eindruck auf mich und legten das Fundament für ein regelmäßiges körperliches Training und eine ausgewogene vegane Ernährungsweise, an die ich mich die letzten dreißig Jahre meist gehalten habe.

Auslöser für mein erstes Buch *Eat Vegan on $4 a Day* war meine Beobachtung, dass viele Leute ihre Einkaufswagen mit minderwertigen Lebensmitteln oder Junk Food vollladen. Auf meine Frage nach dem Grund dafür bekam ich von vielen eine einfache Antwort: »Mit wenig Geld kann man sich nunmal nicht so gesund ernähren.« Ich war anderer Meinung, aber um nicht wie eine bloße Besserwisserin dazustehen, nannte ich ihnen ein paar vegane Rezepte für kleines Geld.

Für mein nächstes Buch *Kitchen Divided* wurde ich durch Reaktionen meines Publikums inspiriert. Auf meinen Lesereisen fragte ich meine Zuhörer: »Ist es manchmal schwierig, eine Beziehung zu führen, in der der eine Partner sich vegan ernährt und der andere nicht?« Ergebnis: Der Unterschied in den Ernährungsgewohnheiten führt bei vielen Paaren regelmäßig zu Spannungen. Also beschloss ich, meine besten Tipps für ein friedliches – und köstliches! – Miteinander in der Küche mit anderen zu teilen.

Für dieses, mein drittes Buch habe ich verschiedene Paläo-Ansätze ausgetestet, und ich möchte Ihnen zeigen, warum und wie Paläo- und vegane Ernährung eine gesunde Verbindung eingehen können. Dazu eine nicht unwichtige Kleinigkeit: Ein bisschen Schummeln bei der Zusammenstellung des Speiseplans ist erlaubt. Die Tricks, die von gängigen Paläo-Büchern akzeptiert werden, bestehen ganz einfach darin, bis zu 15 bis 20 Prozent Nicht-paläo-Zutaten zuzulassen. Das könnte für einen Paläo-Anhänger ein Latte macchiato zum Frühstück sein oder eine Handvoll Erdnüsse. Für einen Veganer, der den Paläo-Ansatz attraktiv findet, aber seine pflanzenbasierte Ernährungsweise nicht aufgeben will, könnte die Schummelei zum Beispiel darin bestehen, dass er Bohnen und Getreide auf seinem Speiseplan belässt. Mit solchen Kompromissen kann der Brückenschlag zwischen Paläo und Vegan viel müheloser gelingen.

Auch wenn Sie als Veganer glücklich und zufrieden sind, können Sie Ihr Wohlbefinden sogar noch steigern, indem Sie ein paar Paläo-Grundsätze in Ihren eigenen Ernährungsstil integrieren. Sind Sie kein Veganer, aber besorgt, dass bei Ihnen zu oft Fleisch auf den Tisch kommt, hilft Ihnen der paläo-vegane Weg bei der Erweiterung Ihrer Ernährungsweise. Wenn Sie die in diesem Buch vorgestellten Möglichkeiten erkunden, behalten Sie im Hinterkopf, dass das paläo-vegane Gebiet, in dem sie sich bewegen, groß genug ist, damit Sie bequem Ihren eigenen Vorlieben folgen können. Die Vielseitigkeit und Anpassungsfähigkeit, die Sie hier kennenlernen werden, befreien Sie von dem Zwang einer Entweder-oder-Entscheidung. Ich bin fest davon überzeugt, dass Sie Ihren Weg zum gesunden und genussvollen Essen finden, insbesondere, da Ihnen die unglaublich köstlichen Rezepte in diesem Buch, die der gefeierte Meister veganer Küche Alan Roettinger kreiert hat, dabei helfen werden.

Wenn Sie sich in dieses Buch vertiefen, werden Sie rasch auf die vielen Vorteile des paläo-veganen Ernährungsansatzes stoßen und feststellen, dass beide Seiten von der jeweils anderen profitieren. Genießen Sie die Vorzüge dieser Verbindung!

KOCHTIPP DER REDAKTION: Es gibt sehr schöne Cup-Messbecher, die in Ihrer Küche nicht fehlen sollten. Der Vorteil der amerikanischen Mengenangaben in Tassen ist, dass Sie sich das Abwiegen sparen und dadurch schneller kochen können. Eine amerikanische Tasse entspricht etwa 250 Milliliter.

KAPITEL 1

Einleitung

Zugegeben, als der Paläo-Wahn losbrach, war ich ziemlich genervt davon. Da stand ich also und lobte bekannte Sportler, die bewiesen, dass eine vegane Ernährungsweise die sportliche Leistung nicht beeinträchtigt, sondern tatsächlich sogar erhöht. Dann kam diese neue Mode namens Paläo-Ernährung auf und die Bücherstapel dazu wuchsen in kürzester Zeit dermaßen an, dass man das Gefühl bekommen konnte, es sei eine Verschwörung gegen alles Vegane im Gange. Plötzlich war eine fleischbasierte, eiweißreiche Ernährung wieder angesagt, und freudig begrüßten die Leute diese unwahrscheinliche Lösung für eine langfristige Gewichtsreduzierung und beste Gesundheit. Manche hörte ich sogar sagen: »Ich war Veganer, aber jetzt bin ich auf Paläo umgeschwenkt.« Eine Zeit lang hatte ich das Gefühl, gerade mitzuerleben, wie fremde, fleischfressende Wesen sich in den Körpern von Veganern einnisten und von ihnen Besitz ergreifen – es war zum Haareraufen! Das heißt, bis ich entdeckte, wie viel Paläo und Vegan gemeinsam haben.

Ob es darum geht, gesund zu werden, abzunehmen oder ganz einfach sich natürlicher zu ernähren – kreative Paläo-Anhänger haben einen Kochstil entwickelt, der aufgrund des Gebrauchs von unbehandelten Lebensmitteln ernst zu nehmen ist. Wie alles Gute macht dieser Ernährungsstil andere neugierig – manche Paläo-Novizen steigen sofort hundertprozentig ein, andere bleiben bei ihren Essgewohnheiten, aber übernehmen Teile der Paläo-Philosophie. Wie so viele andere stellen Veganer fest, dass der Paläo-Ernährungsstil mit geringfügigen Anpassungen (wozu natürlich der Verzicht auf Fleisch gehört) die Qualität, die sie ohnehin schon auf ihren Tellern haben, noch erhöhen kann.

WAS IST PALÄO-ERNÄHRUNG?

Stellen Sie sich einmal vor, sie lebten in der Altsteinzeit. Morgens treten Sie aus Ihrer Höhle heraus und schon stehen Sie vor der Aufgabe, etwas Nahrhaftes auf den Tisch zu bekommen, und zwar dalli! Ist heute Jagen oder Sammeln angesagt? Keine Frage – denn selbst wenn Sie ein Tier aufspüren, wäre es alles andere als ein Spaziergang, es zu fangen und zu erlegen. Doch was ist mit Sammeln? Darin sind Sie Experte. Pflanzen mit essbaren Blättern, Gräser, Beeren, Nüsse: alles vorhanden. Um Ihre Sippe zu ernähren, müssen Sie es nur pflücken oder auflesen.

Wenn die Höhlenmenschen nur eine Ahnung von heute hätten! Viele ihrer Ernährungsgewohnheiten, die von ihrer Umgebung und ihrer Zeit bestimmt waren, entsprechen exakt den Ernährungsgewohnheiten der modernen Paläo-Anhänger, die ohne sie nicht leben wollen. Selbstverständlich bieten sich heute viel mehr Wahlmöglichkeiten, als sie unsere altsteinzeitlichen Verwandten besaßen. Grob gesagt lauten die Grundprinzipien der modernen Paläo-Ernährung:

GO

- Unverfälschte, unbehandelte Lebensmittel
- Mageres Fleisch (von grasgefütterten oder freilaufenden Tieren), Fisch und Meeresfrüchte
- Nahrungsmittel mit wenig Kohlenhydraten und einem hohen Anteil von Ballaststoffen und Kalium
- Gesunde Fette

NO-GO

- Kein Getreide, keine Hülsenfrüchte, Kartoffeln, Milchprodukte, kein zugesetztes Salz, kein raffinierter Zucker, keine raffinierten Öle

Der Paläo-Standpunkt

Wir alle wissen, dass es verarbeiteten Lebensmitteln an Nährstoffen fehlt. Woran es ihnen nicht fehlt, sind Zusatz- und Konservierungsstoffe, und zwar eine ganze Menge davon. Paläo-Vertreter haben also recht, dass behandelte Nahrungsmittel eine faule Sache sind. Veganer mögen auch bezüglich Fleisch dieser Meinung sein, aber Paläos können ihren Standpunkt behaupten, denn eine Ernährung, die unter anderem auf magerem Fleisch, gesunden Fetten und wenig Kohlenhydraten basiert, nützt bekanntlich, wenn man in kurzer Zeit ein paar Pfund verlieren möchte. Machen wir uns nichts vor, darum geht es vielen Leuten.

Ein paar Sätze zum F-Wort. Fette sind ganz sicher notwendig, allerdings werden wir heute von einem *Trans*fettsäuren-Wahnsinn konfrontiert, das sind ungesättigte Fettsäuren wie sie Margarine und andere raffinierte Pflanzenfette und -öle aufweisen. Und wenn Herzen reden könnten, würden sie uns zurufen, endlich auf das Zeug zu verzichten! Was Omega-Fettsäuren angeht, so bedeutet Paläo eine Reduzierung unseres Verzehrs an Omega-6-Fettsäuren, besonders durch Öle, in denen sie enthalten sind, etwa Maiskeimöl und Färberdistelöl. Dagegen kommen mehr Nahrungsmittel mit einem hohen Gehalt von Omega-3-Fettsäuren auf den Tisch, etwa Fisch. Auf diese Weise bringen wir die Menge dieser Fette in ein gesundes Verhältnis, wie es bei den Menschen der Altsteinzeit mutmaßlich der Fall war. Es ist ganz einfach: Zu viele Omega-6-Fettsäuren leisten chronischen Krankheiten Vorschub, wogegen Omega-3-Fettsäuren genau diese Krankheiten unterdrücken. Veganern liefern Nüsse und Samen Omega-3-Fettsäuren, besonders Chiasamen, Leinsamen und Walnüsse; sie sind daher nicht gezwungen, für diese essentiellen Fettsäuren zu Fischöl zu greifen.

Richten wir unseren Blick auf Getreide, Hülsenfrüchte und Kartoffeln – das sind die möglichen Tricks für Veganer, die sich für Paläo interessieren. Zweifellos handelt es sich dabei um natürliche Nahrungsmittel, so dass man annehmen könnte, sie seien in der Paläo-Küche hochwillkommen. Weit gefehlt, denn weil es landwirtschaftlich angebaute Produkte sind und sie manchen Menschen Verdauungsschwierigkeiten bereiten, werden sie in der Regel abgelehnt. Das heißt natürlich nicht, dass Paläo-Anhänger kein Interesse an ballaststoff- und kaliumreichen Nahrungsmitteln haben, etwa Artischocken, Bananen und Brokkoli, um nur ein paar zu nennen. Schließlich helfen Ballaststoffe bei der Regulierung des Cholesterin- und Blutzuckerspiegels, und auch Kalium ist nicht gerade eine Nullnummer. Versuchen Sie doch einmal, ohne genug von dem Zeug im Tank Ihre Nieren am Laufen zu halten oder Ihre Muskeln und Nerven in Schwung zu bringen.

Das führt uns zu den Lebensmitteln mit zugesetzten Salzen und raffiniertem Zucker. Den meisten von uns muss man keine Gründe nennen, diese Teufelchen aus unserer Ernährung fernzuhalten oder zumindest ihren Verzehr weitgehend einzuschränken. Zu viel Natrium im Körper ist für viele Menschen eine tickende Zeitbombe. Tafelsalz vom Speiseplan zu verbannen und gleichzeitig die Menge an Nahrungsmitteln mit hohem Kaliumgehalt zu erhöhen, helfen bei ihrer Entschärfung; im anderen Fall gerät der Säurehaushalt des Körpers aus dem Gleichgewicht und alle möglichen Störungen und Krankheiten können sich in ihm breitmachen. Raffinierter Zucker, der keinerlei Vitamine, Mineralstoffe oder Ballaststoffe enthält und auf den wir gut und gerne verzichten können, ist eine weitere Ursache von Krankheiten.

Die Vorzüge der Paläo-Ernährung

Die Paläo-Ernährung unterstützt wie andere eiweißreiche Ernährungsweisen auch einen schnellen Abnehmerfolg, einer der Hauptgründe für ihre Popularität. Zudem ist es gesundheitsfördernd, auf behandelte Nahrungsmittel – einschließlich raffinierter Kohlenhydrate, die zur Fettleibigkeit beitragen – zu verzichten und nur vollwertige, nährstoffreiche Lebensmittel, so wie sie uns die Natur bietet, zu verzehren. Zu diesen Vorteilen gehören ein verbesserter Insulinwert, ein besserer Säure-Basen-Haushalt und ein gesundes Elektrolytgleichgewicht.

Auch sehr aktive Menschen, einschließlich Profi-Sportler, können von einer Paläo-Ernährungsweise profitieren. In der Tat loben einige bekannte Sportler die Auswirkungen einer paläo-orientierten Ernährung mit viel Eiweiß, gesunden Fetten und wenig Kohlenhydraten. Bei anstrengenden Aktivitäten nutzt der Körper nach der Ernährungsumstellung recht schnell statt der Kohlenhydrate das Fett als Hauptenergielieferanten, um seinen Glukosevorrat so weit wie möglich zu erhalten. Richtig gut daran ist, dass die sportliche Leistung gleich bleibt – oder sich sogar verbessert. Allerdings gibt es auch viele pflanzenverschlingende Sportler, die mit einer Ernährung, die zu 60 bis 80 Prozent sogenannte komplexe Kohlenhydrate enthält, hervorragende Leistungen erzielen. Beispielsweise wissen wir von kenianischen Marathonläufern, dass ihre Ernährungsweise in diese Kategorie fällt.

Paläo-Ernährung ist flexibel

Die Prinzipien der Paläo-Ernährung sind nicht so streng, wie Sie vielleicht denken, und ihre Anhänger passen sie an die eigenen Bedürfnisse indivduell an. Drei beliebte Paläo-Versionen stelle ich Ihnen mit einer von mir zusammengestellten Liste bemerkenswerter Ausnahmen und Empfehlungen vor. Sie müssen die jeweilige Auswahl weder analysieren noch bewerten; ich möchte Ihnen bloß eine Ahnung davon vermitteln, wie verschieden die Interpretationen eines Konzepts ausfallen können.

VERSION 1:

- Schwerpunkt weniger auf magerem Fleisch, sondern vielmehr auf Fleisch von grasgefütterten Tieren aus Freilandhaltung sowie Fleisch und Fisch aus Jagd bzw. Wildfang
- Verhältnismäßig begrenzte Verzehrmenge von Obst und Nüssen für Leute, die abnehmen möchten
- Genuss von stärkehaltigen Gemüsen wie Yams und Süßkartoffeln, allerdings eingeschränkt bei drohender Gewichtszunahme

VERSION 2:

- Betonung pflanzenbasierter Nahrung als Hauptbestandteil der Ernährung
- Genuss von tierischen Fetten wie Butter, Schmalz und Talg
- Mäßiger Genuss von Milchprodukten

VERSION 3:

- Rohes Obst und Gemüse, gekochtes Gemüse, Fleisch und Fisch (alles in gleichen Portionen)
- Nicht mehr als vier oder fünf Portionen Frucht pro Tag
- Gelegentlich Käse oder ungesüßter Joghurt

Obwohl viele Paläo-Anhänger kleine Tricks begrüßen, sind Getreide und Hülsenfrüchte offensichtlich so tabu, dass sie es auf keine einzige Liste geschafft haben. Manche Paläos nehmen geringe Mengen Getreide zu sich, die meisten jedoch verzichten komplett darauf, und zwar weil sie überzeugt davon sind, dass bestimmte gesundheitliche Probleme zumindest teilweise auf den Verzehr von konventionell angebauten Lebensmitteln zurückzuführen sind. Auf jeden Fall aber öffnet die paläo-eigene Schummeltoleranz Veganern die Tür zu dieser Ernährungsweise.

MIT EIN PAAR TRICKS ZUM ERFOLG

Gemeinsam ist den verschiedenen Paläo-Versionen die Idee des Schummelns und Tricksens, was nichts anderes bedeutet, als dass man Nahrungsmittel isst, die eigentlich nicht als paläo gelten. Die Verfasser von Büchern zur Paläo-Ernährung sind sich darüber im Klaren, dass es für viele Menschen extrem schwierig, wenn nicht sogar unmöglich ist, einer strikten Paläo-Ernährung zu folgen. Daher ermuntern sie zu ein bisschen Schummelei, je nach persönlichen Bedürfnissen und Vorlieben. Manche Autoren erlauben einen Anteil von 15 bis 20 Prozent.

Dennoch betonen sie, wie wichtig es ist, dass solche Anpassungen an die individuellen Bedürfnisse die Ausnahme bleiben und vor allem dazu dienen, auf den Geschmack der Nahrungsmittel, die man am meisten vermisst, nicht gänzlich verzichten zu müssen – statt sich womöglich völlig von Paläo abzuwenden und so nicht mehr von seinen Vorteilen zu profitieren. Das möglicherweise an einen Entzug grenzende Gefühl, dass einem etwas fehlt, soll dadurch abgemildert werden. Nach einer Weile haben einige gar nicht mehr das Bedürfnis zu schummeln. Paläo-Autoren ermuntern ihre Leser, sich keinen Perfektionsstress zu machen, auf Kurs zu bleiben und eine Erfolgsrate von 80 Prozent zu akzeptieren. Schließlich wohnt dem modernen Paläo-Lebensstil eine Unzahl von Belastungen, Ablenkungen und logistischen Herausforderungen inne. Bei 20 Prozent Trickserei bleibt einiger Spielraum – den Veganer für Getreide und Hülsenfrüchte nutzen können.

Wie sieht so etwas ganz praktisch aus? Gehen wir von drei Mahlzeiten täglich aus (Frühstück, Mittagessen, Abendessen), dann sind das 21 Mahlzeiten pro Woche, was bei einem 20-Prozent-Spielraum bedeutet, dass Sie bei vier Mahlzeiten schummeln dürfen. Das heißt, viermal die Woche können zu Ihrem Mittag- oder Abendessen Getreide und Hülsenfrüchte gehören, die Sie ansonsten nicht essen. Alternativ könnten Schummel-Nahrungsmittel 20 Prozent jeder oder vieler Ihrer Mahlzeiten ausmachen.

Vernünftig sündigen

Typische Paläo-Schummeleien sind ein Stück Pizza oder ein Milchshake, eher untypisch sind dagegen regelrechte Gelage, bei denen nicht nur Nahrungsmittel, die nicht zum üblichen Paläo-Spektrum gehören, verspeist werden, sondern auch Alkohol fließt. Was auch immer unsere altsteinzeitlichen Vorfahren zur Abstumpfung unternommen haben, so mag ich nicht glauben, dass sie ihre beschränkten Ressourcen verschwendet haben, um sich volllaufen zu lassen.

Wenn Sie gelegentlich ein Glas Wein genießen, werden Ihnen die meisten Paläos sogar zuprosten. Der Konsum von Wein, ob Sie ihn trinken oder zum Kochen benutzen, ist in einem vernünftigen Maße durchaus in Ordnung, und viele Studien sehen eine Verbindung zwischen maßvollem Weingenuss und einer guten Herzgesundheit. Für Frauen ist es allerdings wichtig zu wissen, dass Alkoholkonsum regelmäßig mit einem höheren Brustkrebsrisiko in Zusammenhang gebracht wird.

Wenngleich die paläotypischen Tricks es uns ermöglichen, dass wir uns selbst gegenüber nachsichtig sind und uns etwas gönnen, sollten wir unsere kleinen Ernährungssünden mit Bedacht auswählen. Was hinsichtlich der Flexibilität für die Paläo-Ernährung gilt, kann auch für eine vegane Ernährungsweise gelten. Die meisten Veganer dürften es in die Kategorie Schummelei einordnen, wenn sie eine köstliche Süßspeise (zum Beispiel ein Stück Geburtstagskuchen) nicht ablehnen oder eine andere Leckerei, die sie, egal warum, üblicherweise nicht essen. Die Entscheidung, was vernünftig ist, muss jeder selbst treffen.

Tricks: erlaubt und erwünscht

Meiner Ansicht nach ist der Genuss von Getreide und Hülsenfrüchten eine akzeptable Schummelei für Veganer, die Paläo-Prinzipien berücksichtigen wollen. Ich würde sogar sagen, dass diese Nahrungsmittel erwünschte Schummeleien sind, denn sie enthalten Ballaststoffe, Vitamine aus dem B-Komplex und weitere nützliche Inhaltsstoffe. Beispielsweise sind Bohnen eine gute Quelle für Eiweiß, Eisen, Kalzium, Kalium und Magnesium, sie erhöhen nicht den Blutzuckerwert und unterstützen die Behandlung von Diabetes.

Paläo-Anhänger lehnen Getreide und Hülsenfrüchte hauptsächlich wegen ihres hohen Gehalts an Lektinen ab, Proteine, die sich an Zellmembranen binden können. Sie übersehen dabei allerdings, dass die Giftigkeit von Lektinen durch Einweichen, Fermentieren und Keimen erheblich reduziert und durch korrektes Kochen zerstört wird. Wenn Sie also getrocknete Bohnen über mehrere Stunden einweichen, wechseln Sie öfter das Wasser, und kochen Sie die Bohnen, bis sie gar sind; so werden die Lektine inaktiviert und gleichzeitig können sich die Nährstoffe entfalten.

In einigen Paläo-Varianten werden Erbsen, Quinoa und Wasserreis empfohlen – warum entwickeln Sie also nicht Ihre eigene Version, die Ihre Lieblingsgetreide und -hülsenfrüchte mit einschließt? Sie könnten auch Kakao genießen, eine gesunde Leckerei, die für Paläos wie für Veganer geeignet ist. Und warum sollten Sie hier schon aufhören? Wenn Sie Kakao mit Früchten und Nüssen kombinieren, sind Sie auf dem richtigen paläo-veganen Weg. Früchte bereichern Ihren Speiseplan ungemein. Ob Sie sie allein essen oder zusammen mit anderen Nahrungsmitteln, beides hilft, das Verlangen nach Süßspeisen zu zügeln, denn ein Leckermäulchen lässt sich relativ leicht zufriedenstellen, wenn man zugesetzten Zucker durch die natürliche Süße von Früchten ersetzt. Wenn Sie mögen, können Sie zu einigen Gerichten Datteln hinzugeben, das stillt ebenfalls das Verlangen nach etwas Süßem. Denken Sie aber daran, dass Datteln, wie alle anderen Trockenfrüchte, einen hohen Zucker- und Kaloriengehalt aufweisen. Betreiben Sie nicht gerade ernsthaft Sport, sollten Sie Trockenfrüchte nur in Maßen zu sich nehmen.

PALÄO TRIFFT VEGAN

Veganer mögen glauben, dass für sie kein Platz im Paläo-Universum ist, doch keine Sorge – es gibt einen Weg! Es stimmt natürlich, im Mittelpunkt der üblichen Paläo-Ernährung stehen Fleisch und Fisch, dennoch bestehen viele Gemeinsamkeiten zum veganen Ernährungsstil. Beispielsweise basieren beide auf dem Wissen, dass der Körper Kalzium aus pflanzlichen Quellen leichter aufnehmen kann als aus Milch, auch wenn die Abneigung Milchprodukten gegenüber in der Regel unterschiedliche Gründe hat.

Veganer dürften sich auch über die Paläo-Prinzipien für die Bestückung der Speisekammer freuen, das heißt über die Forderung nach frischen wie auch haltbaren Nahrungsmitteln, die frei sind von Zusatz- und Konservierungsstoffen, Antibiotika- und Pestizidrückständen. Zudem bevorzugen Paläo-Anhänger, wann immer es möglich ist, den Einkauf bei lokalen Produzenten, und dem können wir uns alle anschließen. Verfasser von Paläo-Kochbüchern legen uns ans Herz, beim Kauf von Lebensmitteln alle unsere Sinne zu nutzen, das heißt, die Produkte anzufassen, an ihnen zu riechen und zuzulassen, dass wir in der Obst- und Gemüseabteilung von ansprechenden Farben angezogen werden. Welcher Veganer wollte es anders haben?

Also paläo *und* vegan. Beide Ernährungskonzepte betonen die positiven Auswirkungen des Verzehrs von frischem Obst und Gemüse, warnen vor verarbeiteten Nahrungsmitteln und unterstützen ganz allgemein Ihre Gesundheit und Ihr Wohlbefinden. Beide verfolgen das Ziel, Menschen bei der Gestaltung eines für sie selbst funktionierenden Ernährungsplans zu unterstützen. Und mein Ziel ist es, Ihnen zu zeigen, wie Sie das Paläo-Konzept übernehmen, ohne Ihre veganen Ernährungsprinzipien aufzugeben. Von ganzem Herzen hoffe ich, dass die Rezepte und Informationen in diesem Buch Sie auf dieser Reise hilfreich begleiten.

KAPITEL 2

Wie ernähre ich mich paläo-vegan?

Dem Paläo- und dem veganen Ernährungsansatz ist gemeinsam, dass beide verarbeitete Lebensmittel vermeiden und sich auf solche konzentrieren, die »Mutter Natur« für unsere optimale Ernährung vermutlich vorgesehen hat. Wenn wir die wenigen Punkte, in denen sich die beiden Ernährungsgewohnheiten voneinander unterscheiden, einmal außen vor lassen, so öffnet sich unser Blick auf eine Fülle an Obst, Gemüse und anderen Nahrungsmitteln, die ein köstliches Ensemble auf dem paläo-veganen Teller bilden. Sehen wir es uns genauer an.

NÜSSE UND SAMEN

Seit Menschengedenken essen wir Nüsse und Samen. Da sie sich problemlos lagern lassen, dienten sie in vergangenen Zeiten häufig als eine Quelle für die Versorgung mit Nährstoffen während des Winters. Als Jäger und Sammler ernährten sich unsere Vorfahren höchstwahrscheinlich von dem, was in ihrer Nähe verfügbar war, und sie deckten ihren Eiweißbedarf durch diese kleinen, aber gehaltvollen Happen, die sie gesammelt hatten.

Wegen ihres hohen Fettgehalts genießen Nüsse und Samen häufig einen schlechten Ruf. Doch in ihrer unendlichen Weisheit hat Mutter Natur sie in harte Schalen eingeschlossen, die erst zeitaufwendig geknackt werden müssen. Diese Öffnungsprozedur entschleunigt den Verzehr und wirkt einer übermäßigen Kalorienaufnahme entgegen – außer natürlich, Sie befreien die Kerlchen alle auf einmal von ihren Schalen und schaufeln sie dann in sich hinein!

OBST

Ohne Frage war Obst Bestandteil des altsteinzeitlichen Speiseplans. Bei archäologischen Ausgrabungen in Nordisrael fand man Überreste von Feigen, Oliven, Birnen und Pflaumen. Noch viel ältere Spuren von Trauben fanden sich in Tennessee (USA), und Überbleibsel aus anderen urgeschichtlichen Stätten bestätigen den frühen Verzehr von Früchten, so dass wir mit einiger Berechtigung annehmen können, dass ein Mensch der Altsteinzeit sich dort, wo es keine Früchte in Hülle und Fülle gab, nicht niedergelassen hätte. Heutzutage können Paläo-Anhänger auf eine ziemlich umfangreiche Liste bevorzugter Obstsorten zurückgreifen, an deren Spitze die dunklen Beeren stehen.

BUNTES GEMÜSE

Grüne Gemüse sind die Kraftwerke veganer Ernährung. Die Paläo-Ernährung folgt diesem Beispiel und schließt eine große Bandbreite dieser essentiellen Lebensmittel mit ein. Zudem legen beide Ernährungskonzepte Wert auf Nahrungsmittel, die reich an Antioxidantien sind, das heißt in pflanzlicher Nahrung vorkommende chemische Verbindungen, die Krankheiten wie Krebs, Herz-Kreislauf-Erkrankungen und Diabetes vorbeugen helfen. Antioxidantien bekämpfen Entzündungen und oxidativen Stress, der zu einer Vielzahl von degenerativen, chronischen Erkrankungen führen kann. Der einfachste Weg, seinen Körperhaushalt mit diesen heilsamen Verbindungen aufzufüllen, ist der Verzehr von buntem Gemüse, denn Antioxidantien wie Anthocyanidine, Carotinoide, Catechine und Flavone sind für das farbenfrohe Äußere von Pflanzen verantwortlich.

Genau wie wir uns von unseren Vorfahren unterscheiden, so unterscheiden sich auch unsere heutigen von den alten Gemüsesorten, denn spätestens seit der Jungsteinzeit wurden

Gemüse in gewisser Weise »genetisch« verändert. Damit meine ich nichts anderes, als dass die frühen Menschen durch Auslese die Keimlinge der wohlschmeckendsten Wildpflanzen züchteten und kombinierten. So nimmt man beispielsweise an, dass die verschiedenen Kohlsorten, etwa Brokkoli, Rosenkohl, Weißkohl, Grünkohl und Kohlrabi, sich alle aus einer urgeschichtlichen Pflanze entwickelt haben.

GESUNDE FETTE

Unsere altsteinzeitlichen Vorfahren zerstampften vermutlich keine Oliven oder andere Nahrungsmittel, um daraus Öl zu gewinnen. Wahrscheinlicher ist, dass die Menschen im Nahen Osten, der Wiege der Zivilisation und wo es schon lange Oliven in Hülle und Fülle gab, Olivenvorräte anlegten und sie als ganze Frucht aßen.

Alle pflanzliche Nahrung enthält einen gewissen Fettanteil, mag er auch noch so winzig sein. Paläos und Veganer sind sich einig, dass diese natürlich vorkommenden Fette gesund sind. Geht es jedoch um ausgelassene, extrahierte und zugesetzte Fette, so unterscheiden sich ihre Empfehlungen hinsichtlich Art und Menge erheblich voneinander. Noch dazu zeigen sich zwischen den verschiedenen Paläo-Konzepten bemerkenswerte Widersprüche. Beispielsweise zählen manche Autoren auch Butter, Schmalz und sogar Talg zu den gesunden Fetten. Natürlich haben solche Fette in meinem paläo-veganen Ansatz nichts zu suchen; ich bleibe bei meiner veganen Ausrichtung, ohne deshalb auf nahrhafte Fette und Öle zu verzichten.

Wir alle achten auf unser Gewicht, also ist es klug, unsere Kalorienaufnahme im Blick zu behalten. Vielleicht hatten unsere altsteinzeitlichen Ahnen so viel Bewegung, dass sie sich eine Ernährung mit einem hohen Fettanteil erlauben konnten, doch die meisten von uns – außer vielleicht Marathonläufer und Sumoringer – sollten einen großen Bogen um Nussbutterbällchen machen! Fette, einschließlich Öle, enthalten 9 Kalorien pro Gramm, Proteine und Kohlenhydrate hingegen jeweils nur 4 Kalorien. Die Zugabe von Öl kann die Kalorienmenge schneller erhöhen als Sie eine mit ordentlich Butter bestrichene Kartoffel verputzen können. Ein einziger Esslöffel Butter sind etwa 14 Gramm, das sind 102 Kalorien. Um ohne Fettzugabe den Geschmack zu erhöhen, verzichten Sie auf die Butter und geben Sie auf eine gebackene Kartoffel stattdessen gehackte Frühlingszwiebeln und Tomaten, Mandelblättchen oder gedünstete Brokkoliröschen.

Wenn Sie auf zusätzliches Fett verzichten, können Sie Berge von Obst und Gemüse essen, ohne sich große Sorgen um Kalorien machen zu müssen. Sie können auch unverarbeitete, ungesalzene Nüsse und Samen genießen, besonders wenn Sie sie vorher knacken müssen. Die Zeit, die Sie für das Entfernen der Schalen brauchen, gibt Ihrem Gehirn genau die 15 bis 20 Minuten, die es benötigt, um das Signal zu empfangen, dass sich Ihr Magen füllt. Außerdem werden Sie weniger essen müssen, denn ganze Nüsse und Samen sind vollgepackt mit Nährstoffen, was sie zu echten Hungerknackern macht.

ROH ODER GEKOCHT?

Üblicherweise hat die Paläo-Ernährung einiges gemeinsam mit einer rohkostbasierten veganen Ernährung, die den Akzent auf unverarbeitete, natürliche Nahrungsmittel setzt. Für all diese Ernährungsweisen konnte nachgewiesen werden, dass sie vor Krebs, Herzkrankheiten und Diabetes schützen und bei Diäten helfen.

Wenn Sie den Rohkost-vegan-Ansatz verfolgen, können Sie bestimmte Lebensmittel zu einem Smoothie zusammenmixen, sie aufkeimen lassen oder dörren. Es überrascht nicht, dass Rohkost-Enthusiasten verarbeitete Lebensmittel zurückweisen – abgesehen vom gelegentlichen Gebrauch von extrahierten Ölen, Essig, Tamari Sojasauce und ein paar wenigen natürlichen Süßstoffen – und sich für ihren Speiseplan vornehmlich auf frische Lebensmittel und Nüsse stützen. Zum Beispiel können Weizenkörner eingeweicht und dann zu Vollkornbrot und anderen Vollkornleckereien verarbeitet werden oder fermentiert, um rohen Nusskäse herzustellen. Man kann jedoch auch komplett auf Getreide verzichten.

Die rohkostbasierte vegane Ernährung lehnt raffinierte Kohlenhydrate ab und erhöht die Aufnahme von sekundären Pflanzenstoffen, genauso wie es in der üblichen Paläo-Ernährung der Fall ist. Tendenziell ist sie arm an Natrium und schädlichen Fetten. Weiterhin ist sie völlig frei von den gefährlichen Stoffen, die bei der Zubereitung von Nahrungsmitteln bei hohen Temperaturen entstehen. Diese Nebenprodukte tragen Namen wie Advanced Glycation Endproducts (AGEs), heterocyclische aromatische Amine (HAA) oder polycyclische aromatische Kohlenwasserstoffe (PAK).

In der Paläo-Gemeinde wird darüber diskutiert, inwiefern der Prozess des Kochens dazu beiträgt, dass manche Nährstoffe leichter aufgenommen werden können; das ist als gesteigerte Bioverfügbarkeit bekannt. Allerdings umfasst der Speiseplan von Rohkost-Veganern eine solche Bandbreite von frischen Produkten, dass sie etwaige Aufnahmeprobleme locker durch die Menge der Nährstoffe, die sie zu sich nehmen, wettmachen. Nichtsdestoweniger sollte jeder, der sich rohkostbasiert-vegan ernährt, von Zeit zu Zeit zu ein paar Sprossen von Hülsenfrüchten greifen, denn der Kaloriengehalt von Sprossen liegt unter dem von Nüssen – man sollte Nüsse als hauptsächliche Eiweißquelle nicht zu sehr strapazieren. Die Qualität des in Hülsenfrüchten enthaltenen Eiweißes kann durch Keimung verbessert werden, die zugleich die Verdaulichkeit von Bohnen & Co. unterstützt sowie zur Reduzierung der Enzymhemmer beiträgt, welche die Verarbeitung der Proteine verhindern. Linsen- und Mungobohnensprossen können roh gegessen werden, die Sprossen anderer Hülsenfrüchte, etwa von Garbanzo- und Kidneybohnen, müssen vor dem Verzehr gekocht werden.

Falls Sie sich rohkostbasiert-vegan ernähren, sollten Sie Vitamin B_{12} ergänzen. In der Tat ist eine solche Ergänzung grundsätzlich eine gute Idee, egal ob man sich vegan ernährt oder nicht. Und wenn Sie nicht gerade in den Tropen leben und das ganze Jahr über ausreichend Sonne abbekommen, ist die Zufuhr von veganem Vitamin D ebenfalls sinnvoll.

LEBENSMITTEL FÜR VEGANER UND PALÄO-ANHÄNGER

Schauen wir uns einmal an, wie groß die Gemeinsamkeiten zwischen Paläo-Vertretern und Veganern hinsichtlich ihrer bevorzugten Nahrungsmittel sind. Zweifellos stehen Ihnen genug Alternativen zur Verfügung, damit Sie glücklich, gesund und voller Energie leben können. Diese Tabelle fasst verschiedene populäre Paläo-Einkaufslisten zusammen.

NÜSSE UND SAMEN

Haselnüsse	Macadamianüsse	Paranüsse	Pinienkerne	Sesamsamen	Walnüsse
Kürbiskerne	Mandeln	Pekannüsse	Pistazien	Sonnenblumenkerne	

BEVORZUGTES OBST

Blaubeeren	Boysenbeeren	Brombeeren	Cranberries	Himbeeren	Stachelbeeren

ANDERES OBST

Ananas	Erdbeeren	Honigmelone	Limette	Orange	Rhabarber
Apfel	Feige	Kaki	Litschi	Papaya	Sternfrucht, Karambola
Aprikose	Gojibeeren	Kirschen	Mandarine	Maracuja	Wassermelone
Banane	Grapefruit	Kiwi	Mango	Pfirsich	Weintrauben
Birne	Granatapfel	Kokosnuss	Nektarine	Pflaume	Zitrone
Cantaloupe-Melone	Guave				

GEWÜRZE UND KRÄUTER

Anis	Dill	Koriander	Minze	Petersilie	Salbei
Basilikum	Estragon	Langer Koriander	Muskatnuss	Pfeffer, schwarz	Senfkörner
Cayennepfeffer	Fenchel	Kreuzkümmel	Oregano	Pfefferminze	Thymian
Chilis, gemahlen	Gewürznelken	Kurkuma	Paprikapulver	Rosmarin	Zimt
Chilis, getrocknet	Ingwer				

GEMÜSE

Algen, Seetang	Brunnenkresse	Knollensellerie	Pak Choi	Rote Bete	Staudensellerie
Artischocke	Chilis	Kohlrabi	Pilze	Rote-Bete-Blätter	Steckrübe
Aubergine	Endivie	Kürbis	Portulak	Rübstiel, Stielmus	Tomate
Avocado	Fenchel	Lauch	Rauke, Rucola	Salatgurke	Topinambur
Blattkohl	Gemüsepaprika	Mangold	Rettich	Spargel	Weißkohl
Blumenkohl	Grüne Bohnen	Möhre, Karotte	Römersalat	Spinat	Yambohne, Jicama
Chinesischer Senf	Grünkohl	Oliven	Rosenkohl	Stängelkohl, Cima di Rapa	Zwiebel
Brokkoli	Knoblauch	Pastinak			

NAHRUNGSMITTEL ZUM MÄSSIGEN VERZEHR

Amarant	Hanfsamen	Maniok (Cassava)	Süßkartoffel	Wasserreis	Yams
Buchweizen	Kartoffeln	Quinoa	Taro		

GESUNDE FETTE UND ÖLE ZUM SPARSAMEN GEBRAUCH

Avocadoöl	Kokosöl	Olivenöl	Sesamöl	Walnussöl	
Kokosmilch	Macadamiaöl	Palmöl, unraffiniert			

ANDERE PRODUKTE

Dunkle Schokolade	Essig	Kaffee	Tamari Sojasauce	Tee	

WIE MAN GENUG EIWEISS BEKOMMT

Als Sportlerin, die sich vegan ernährt, wird mir bei jedem meiner Vorträge dieselbe Frage gestellt: »Woher bekommen Sie das nötige Eiweiß?« Üblicherweise spanne ich dann meinen Bizeps an und frage zurück: »Sehe ich aus, als würde ich unter Eiweißmangel leiden? Kennt jemand von Ihnen Leute, die unter Eiweißmangel leiden?« Niemand meldet sich.

Als nächstes frage ich: »Kennt jemand von Ihnen Leute, die unter Herzerkrankungen oder Diabetes leiden oder Krebs haben?« Viele Hände gehen nach oben. »Dafür sollten wir unsere Energie und unsere Mittel einsetzen«, sage ich dann zu meinen Zuhörern, »nämlich diese wirklich ernsten Gesundheitsprobleme in Ordnung zu bringen.«

Quellen für Eiweiß

Veganer wie Paläos wissen, dass sie ihrem Körper Eiweiß durch Nüsse und Samen zuführen können, aber nicht jedem von ihnen ist klar, dass alle Gemüse Eiweiß enthalten. Nach wie vor greifen Veganer also zu anderen erwünschten Eiweißquellen wie Getreide und Hülsenfrüchte statt ihren Bedarf ausschließlich durch Gemüse, Nüsse und Samen zu decken. Da Veganer im Gegensatz zu Paläo-Anhängern kein Fleisch essen, können sie hier den Vorteil der paläotypischen Toleranz nutzen. Wie bereits erwähnt, bedeutet ein solches Schummeln in der Paläo-Definition, dass 20 Prozent Ihres Essens aus Nahrungsmitteln bestehen darf, die nicht hundertprozentig paläo-konform sind. Für Veganer schließt das Bohnen als zusätzliche Eiweißquelle ein, besonders den Genuss von sehr eiweißreichen Edamame und Tempeh. Wenn es zu Ihrer Ernährung passt, können Sie vier Mal in der Woche eine Mahlzeit, die Bohnen enthält, auf den Tisch bringen und trotzdem im Einklang mit dem Paläo-Konzept sein.

Was haben Paläo-Enthusiasten eigentlich gegen Getreide und Hülsenfrüchte? Kurz gesagt, die meisten von ihnen glauben, die Menschen der Altsteinzeit hätten diese Nahrungsmittel nicht zu sich genommen, also essen sie sie ebenfalls nicht. Sie weisen auf genetisch verändertes Saatgut von Getreide und Hülsenfrüchten hin, besonders von Mais, Soja und Weizen, und behaupten, die Veränderungen verursachten Gesundheitsprobleme. Dieser Punkt ist umstritten, doch solange keine endgültige Klarheit darüber besteht, gibt es eine einfache Lösung: biologisch angebautes Getreide und Hülsenfrüchte kaufen und generell die Finger von genetisch veränderten Nahrungsmitteln lassen.

Außerdem sorgen sich einige Paläo-Vertreter, dass die Enzymhemmer (Inhibitoren), die Hülsenfrüchte im Rohzustand ungenießbar machen, für Verdauungsprobleme verantwortlich sind. Sie werden allerdings durch das Weichkochen zerstört. Hülsenfrüchte sprießen lassen ist eine weitere Möglichkeit, die Menge der Enzymhemmer zu reduzieren, und wenn Sie die Sprossen dünsten, vernichtet das sogar noch mehr dieser Hemmer. Möchten Sie sich am Ziehen von Sprossen versuchen, beachten Sie bitte, dass einige Sprossen, etwa die von Kichererbsen, Kidneybohnen und Sojabohnen, nicht roh verzehrt werden sollten.

Menschen, die auch mit gekochten Hülsenfrüchten Probleme haben, reagieren nicht auf die Enzymhemmer, sondern auf andere Stoffe, nämlich die natürlichen Zucker. Durch

Einweichen der Hülsenfrüchte (mindestens acht Stunden) und anschließendem Garkochen lässt sich der Zuckergehalt reduzieren. Einen ähnlichen Effekt hat die Zugabe von Kombu (essbarem Seetang) zu den Hülsenfrüchten, wenn sie auf dem Herd vor sich hin köcheln.

Eine andere Eiweißquelle sind Hanfsamen, die alle essentiellen Aminosäuren enthalten. Nicht völlig klar ist, ob sich Hanfsamen während des Verdauungsprozesses eher wie Nüsse oder eher wie Getreide verhalten, doch wenn es bei Ihnen zu keinen Beeinträchtigungen kommt, warum sollten Sie dann beunruhigt sein? Durch die Aufnahme von ganzen oder gemahlenen Hanfsamen auf Ihren Speiseplan lässt sich der Proteingehalt Ihrer Nahrung enorm steigern, was besonders für Sportler von Nutzen sein kann.

Die getreideähnlichen Samen Amarant, Buchweizen und Quinoa enthalten ebenfalls Eiweiß, obwohl sie vorrangig Kohlenhydratlieferanten sind. Manche Paläo-Anhänger raten von diesen Pseudogetreiden ab, weil sie überzeugt davon sind, dass sie während des Verdauungsprozesses im Darm genauso wie Getreide reagieren. Aber Sie sind der Boss, und wenn eines (oder mehrere) dieser Produkte Ihnen zusagt, fügen Sie es Ihrer Liste der Schummeloptionen hinzu.

Die richtige Eiweißmenge

Manche Experten sind der Ansicht, Veganer bräuchten eine geringere Proteinzufuhr als Fleischesser, weil pflanzliches Eiweiß vom Körper leichter aufgenommen werden könne, andere hingegen behaupten, Veganer benötigten etwas mehr Protein als Fleischesser. Meine Erfahrung als Personal Trainerin und Laufcoach hat mich gelehrt, dass solche pauschalen Aussagen nicht zutreffen. Wie viel Eiweiß ein Mensch braucht, hängt von mehreren Faktoren ab, dem Alter, dem Geschlecht, dem Körpergewicht, wie aktiv man ist und vom allgemeinen Gesundheitszustand. Mit einem Schwarz-Weiß-Denken kommen wir hier nicht weiter. Darum wird auch ununterbrochen über die richtige Eiweißmenge im Alltag oder bei Sportwettkämpfen diskutiert. Ich persönlich folge dem sogenannten Goldlöckchen-Modell: nicht zu viel, nicht zu wenig, aber genug. Eine ausgewogene vegane Ernährung, die ein breites Spektrum an Nüssen, Samen und Gemüse umfasst, außerdem zu einem Teil aus Hülsenfrüchten (vorzugsweise Sprossen) und Getreide besteht, wird zweifellos genug Eiweiß zur Verfügung stellen.

Nicht zufrieden mit der Goldlöckchen-Antwort? Okay. Machen wir den kleinen Zahlenliebhaber in Ihnen glücklich. Dem US-Landwirtschaftsministerium zufolge beträgt die täglich empfohlene Eiweißmenge für Erwachsene mit einer überwiegend sitzenden, bewegungsarmen Lebensweise 56 Gramm für Männer und 46 Gramm für Frauen. Für Veganer fallen die Empfehlungen höher aus. Ernährungsexperten schätzen, dass Veganer mit einer durchschnittlichen körperlichen Aktivität täglich wenigstens 0,9 Gramm Eiweiß pro Kilogramm ihres Körpergewichts benötigen. Für eine 68 Kilogramm schwere Person sind das ungefähr 62 Gramm Eiweiß. Es ist schwierig, sich konkret vorzustellen, was diese Angabe für ihre tägliche Ernährung bedeutet. Ein vereinfachter, hilfreicher Richtwert ist, dass ein Drittel Ihres Tellers für Eiweiß reserviert ist.

TABELLE 1: Vegane Eiweißquellen

NAHRUNGSMITTEL	MENGE	EIWEISSGEHALT (IN GRAMM)
Tempeh	1 Tasse*	30
Linsen	1 Tasse	18
Spirulina (Blaualgen, Cyanobakterien), getrocknet	30 g	16
Bohnen (schwarze, Garbanzo-, Pintobohnen), gekocht	1 Tasse	15
Mandeln	60 g	12
Tofu, fest	120 g	11
Hanfsamen	3 TL	10
Mandelbutter	2 TL	8
Quinoa, gekocht	1 Tasse	8
Brokkoli, gekocht	1 großer Strunk	7
Spinat, gekocht	1 Tasse	5,3
Erbsen, gekocht	1 Tasse	5
Sonnenblumenkerne	30 g	5
Süßkartoffel, gekocht	1 Tasse	3
Avocado	30 g	1
Grünkohl, gekocht	1 Tasse	1

*Entspricht etwa 250 ml. Siehe Kochtipp der Redaktion S. 8

Wie sieht es aus, wenn Sie wie ich Sport treiben? Für Ausdauer- und Krafttraining variieren die empfohlenen Tagesdosen an Eiweiß erheblich, von 1,3 Gramm pro Kilogramm Körpergewicht für Ausdauersportler bis 1,9 Gramm pro Kilogramm Körpergewicht für Kraftsportler. Ohne ausreichend Eiweiß beginnt der Körper zur Energiegewinnung mit dem, ich nenne es mal, Kannibalisieren von Muskeln, so dass die kümmerliche Muskelmasse, die wir aufzubauen und zu erhalten versuchen, ihr Ende darin findet, dass sie abgebaut und als Treibstoff verheizt wird.

WIE MAN GENUG KALZIUM BEKOMMT

Nachdem ich meinen Zuhörern auf meinen Vortragsreisen erzählt habe, woher ich das nötige Eiweiß bekomme, folgt jedes Mal die nächste Frage: »Woher bekommen Sie Ihr Kalzium?« Dafür gibt es eine ganze Reihe von Quellen, alle auf pflanzlicher Basis, erkläre ich dann, woraufhin ich immer in ungläubige Gesichter blicke. Also stimme ich das Hohelied auf kalziumreiche Gemüse an, etwa Pak Choi, Blattkohl und Grünkohl.

TABELLE 2: Pflanzliche Nahrungsmittel mit hohem Kalziumgehalt

NAHRUNGSMITTEL	MENGE	KALZIUMGEHALT (IN MILLIGRAMM)
Hanfsamen	240	460
Mandelmilch	240	450
Melasse	2 EL	400
Blattkohl, gekocht	1 Tasse*	357
Orangensaft (mit Kalziumzusatz)	240	350
handelsüblicher Sojajoghurt, natur	180 g	300
Rübstiel, gekocht	1 Tasse	249
Tofu (mit Calciumsulfat behandelt)	120 g	200–420
Soja-, Reis- oder Hafermilch (handelsüblich, mit Kalziumzusatz, natur)	240 g	200–300
Tempeh	1 Tasse	184
Grünkohl, gekocht	1 Tasse	179
Chiasamen	60 g	177
Pak Choi, gekocht	1 Tasse	158
Breitblättriger Senf, gekocht	1 Tasse	152
Okra, gekocht	1 Tasse	135
Tofu (mit Nigari behandelt)	120 g	130–400
Tahini	2 EL	128
Mandelbutter	2 EL	111
Mandeln, ganz	¼ Tasse	94
Brokkoli, gekocht	1 Tasse	62

*Entspricht etwa 250 ml. Siehe Kochtipp der Redaktion S. 8

Abgesehen von seiner Notwendigkeit für die Knochen ist Kalzium wichtig für das ordentliche Funktionieren der Nerven und der Muskeln und für die Blutgerinnung. Herrscht in den für diese Aufgaben verantwortlichen Körperteilen ein Kalziummangel, so wird Kalzium aus den Knochen gezogen, was das Risiko von Knochenbrüchen erhöhen und andere Probleme verursachen kann. Die meisten Menschen, außer sie folgen einer Paläo- oder einer veganen Ernährungsweise, decken ihren Kalziumbedarf mit Milchprodukten. Allerdings wird das in Milchprodukten enthaltene Kalzium mit einigen schwerwiegenden Gesundheitsproblemen in Verbindung gebracht, darunter ebenfalls Knochenbrüche, aber auch Krebs. Bemerkenswerterweise weisen die Vereinigten Staaten sowohl eine der höchsten Raten für Milchverbrauch als auch für Osteoporose auf, und eine repräsentative Langzeitstudie kam sogar zu dem Ergebnis, dass die Gruppe der Frauen, die regelmäßig Milchprodukte konsumierten, mehr Knochenbrüche aufwies als die Gruppe, die sie nur selten zu sich nahm. Darüber hinaus enthält Kuhmilch den insulinähnlichen Wachstumsfaktor 1 (IGF-1), von dem einige Wissenschaftler annehmen, dass er bei Menschen das Wachstum von Krebszellen verursacht.

Die Natur stellt genügend Nährstoffe in anderen Nahrungsmitteln zur Verfügung, so dass kein Säugetier, einmal entwöhnt, Milch, welcher Art auch immer, zu sich nehmen muss. Obwohl die Menschen vor etwa 10.000 bis 7.000 Jahren einen Geschmack für Milch und Milchprodukte entwickelt haben, konnten nicht alle Urmenschen diese Nahrung verdauen. Und dies hat sich über all die Jahre nicht besonders geändert. Wenn Sie sich einmal umschauen, werden Sie bemerken, dass zahllose Menschen auch heute von Allergien, Blähungen und Laktoseintoleranz betroffen sind, weil sie den Milchzucker nicht verdauen können. Erfreulicherweise erkennen immer mehr Leute, dass Kalzium in Pflanzen reichlich vorhanden ist und dass der Körper Kalzium aus pflanzlicher Nahrung besser aufnehmen kann. Tatsächlich sind viele verblüfft über ihr gesteigertes Wohlbefinden, nachdem sie Milchprodukte von ihrem Speiseplan gestrichen haben.

Quellen für Kalzium

Wenngleich sich Paläos und Veganer nicht immer einig darüber sind, woher sie ihr Kalzium bekommen, ist beiden dessen Wichtigkeit für ihre Ernährung bewusst. Greifen die einen beispielsweise zu Fisch als Kalziumquelle, so schwören die anderen auf kalziumreiches Gemüse. Keiner von ihnen ist von der Wahl des jeweils anderen besonders angetan, doch hervorragende Quellen wie grünes Blattgemüse, Nüsse und Samen sind in beiden Küchen äußerst beliebt.

In Tabelle 2 finden Sie eine Auflistung von kalziumreichen veganen Nahrungsmitteln. Außer Tofu, Sojajoghurt und Soja-, Reis- und Hafermilch sind alle Einträge paläokonform, einschließlich der leicht verarbeiteten Hanfsamen und der Mandelmilch.

WIE MAN GENUG EISEN UND VITAMIN B_{12} BEKOMMT

Nur selten fragen mich meine Zuhörer, woher ich das nötige Eisen und Vitamin B_{12} bekomme – sie sollten es aber tun. Eisenmangel ist weltweit die verbreitetste Mangelerscheinung. Als Hauptbestandteil des Proteinkomplexes Hämoglobin in den roten Blutkörperchen spielt Eisen eine wesentliche Rolle beim Transport von Sauerstoff durch den Körper und beim Abtransport von Kohlendioxid. Damit die Blutkörperchen fit bleiben, benötigt unser Körper Vitamin B_{12}, das auch zur Gesunderhaltung unseres Nervensystems beiträgt und die DNA-Synthese unterstützt.

Für die Eisen- und Vitamin B_{12}-Zufuhr können Veganer nicht auf tierische Kost zurückgreifen, die beides reichhaltig zur Verfügung stellt. Weil Eisen aus pflanzlichen Lebensmitteln vom Körper weniger gut aufgenommen wird als das in Fleisch enthaltene Eisen, sollten

Veganer für sich das 1,8-Fache der für Fleischesser empfohlenen Menge an Eisen ansetzen. Sich vegan ernährende Frauen im gebärfähigen Alter sollten pro Tag 32,4 Milligramm Eisen zu sich nehmen, außerdem brauchen sie zusätzlich 30 bis 45 Milligramm pro Monat, um den menstruationsbedingten Eisenverlust auszugleichen. Andere erwachsene Veganer benötigen täglich 14,4 Milligramm Eisen, Sportler etwas mehr wegen ihres gesteigerten Sauerstoffbedarfs.

Vitamin C und viel Zitronensäure enthaltende Nahrungsmittel, etwa Zitrusfrüchte, erhöhen die Eisenaufnahme. Da Veganer schon aufgrund der Menge der verspeisten Früchte und Gemüse mehr als genug Vitamin C zu sich nehmen, kann das benötigte Eisen sofort vom Körper absorbiert werden. Allerdings können bestimmte Lebensmittel wie Kaffee oder Tee oder auch Nahrungsergänzungsmittel wie Kalziumpräparate die Eisenaufnahme behindern. Verzichten Sie eine Stunde vor und eine Stunde nach dem Genuss von eisenreicher Nahrung darauf, falls Sie zu Eisenmangel neigen.

TABELLE 3: Pflanzliche Quellen für Eisen

NAHRUNGSMITTEL	MENGE	EISENGEHALT (IN MILLIGRAMM)
Sojabohnen, gekocht	1 Tasse*	8,8
Melasse	2 EL	7,2
Spinat, gekocht	1 Tasse	6,8
Linsen, gekocht	1 Tasse	6,6
Tofu	120 g	6,4
Tempeh	1 Tasse	4,8
Limabohnen, gekocht	1 Tasse	4,5
Kidneybohnen, gekocht	1 Tasse	4,2
Mangold, gekocht	1 Tasse	4
Bohnen (schwarze oder Pintobohnen), gekocht	1 Tasse	3,6
Rübstiel, gekocht	1 Tasse	3,2
Quinoa, gekocht	1 Tasse	2,8
Rote-Bete-Blätter, gekocht	1 Tasse	2,7
Tahini	2 EL	2,7
Cashew-Kerne	¼ Tasse	2,1
Pak Choi, gekocht	1 Tasse	1,8

*Entspricht etwa 250 ml. Siehe Kochtipp der Redaktion S. 8

Vitamin B_{12} wird von Mikroorganismen produziert. Da es nicht natürlich in Pflanzen vorkommt, ist die ausreichende Versorgung mit diesem Vitamin mit etwas Aufwand verbunden; zwar sind die Mikroorganismen im Boden, in dem die Pflanzen wachsen, vorhanden, dennoch stellen Obst und Gemüse keine zuverlässigen Vitamin-B_{12}-Quellen dar. Fleischesser können ihren Vitamin-B_{12}-Bedarf zum überwiegenden Teil durch tierische Produkte decken. Jeder, egal wie er sich ernährt, unterliegt mit zunehmendem Alter der Gefahr, dass die Aufnahme von Vitamin B_{12} nicht mehr problemlos vonstatten geht. Obwohl der Körper nur geringe Mengen davon benötigt, können die Folgen eines Mangels schwerwiegend sein und sich beispielsweise in irreversiblen Schädigungen des Nervensystems äußern. Ein Erwachsener braucht im Durchschnitt 2,4 Mikrogramm Vitamin B_{12} pro Tag.

Quellen für Eisen und Vitamin B_{12}

Veganern präsentiert sich eine große Bandbreite an guten Quellen für Eisen. Grüne Blattgemüse zum Beispiel, besonders gekochter Spinat, schlagen richtig ein, ebenso Getreide und Hülsenfrüchte. Beim Einweichen, Fermentieren oder beim Sprossen wird das Phytat in Getreide und Hülsenfrüchten zerstört, mit dem schönen Ergebnis, dass das in ihnen enthaltene Eisen und andere Mineralstoffe leichter aufgenommen werden können. Bestimmte Stoffe in Zwiebeln und Knoblauch verbessern ebenfalls die Absorption von Eisen aus Getreide und Hülsenfrüchten, also sollten Sie sie möglichst oft bei Ihren Bohnen- und Getreidegerichten verwenden. Nüsse, besonders Cashew-Kerne, und Trockenobst, besonders Aprikosen und Rosinen, versorgen Sie ebenfalls mit Eisen.

Um auf veganer Basis zuverlässig eine ausreichende Menge Vitamin B_{12} zu bekommen, müssen Sie entweder zu Nahrungsmitteln greifen, denen es zugesetzt wurde, zum Beispiel Frühstücksflocken, manche Sorten Milch auf pflanzlicher Basis, bestimmte Sorten Nährhefe sowie manche Sojaprodukte, oder ein entsprechendes Präparat einnehmen. Es gibt nur diese beiden Optionen – und für eine davon müssen Sie sich entscheiden.

WILDE UND EXOTISCHE LEBENSMITTEL FÜR VEGANER

Paläo-Vertreter sind eifrige Verfechter des Genusses von mehr oder weniger exotischem Wildfleisch. Das ist allerdings nicht immer ganz leicht zu beziehen, so dass viele auch einfach Fleisch von Tieren aus Freilandhaltung oder von grasgefütterten Tieren essen. Wild wachsende, teilweise exotische Gemüse sind dagegen mittlerweile viel einfacher zu bekommen – oft genügt der Gang zum nächsten Wochenmarkt. Wilde Pilze fallen einem sicher als erste vegane Produkte ein. Bücher erklären das sichere Sammeln oder wie man essbare Pilze und andere Pflanzen, die beispielsweise im eigenen Garten oder auf dem eigenen Grundstück wachsen, findet und bestimmt. Dutzende von Arten, die man bedenkenlos essen kann, wurden bisher identifiziert. Doch falls Sie sich Sorgen machen, wie sicher das eigene Sammeln ist, oder Sie in ihrer Umgebung keine Möglichkeit dazu haben, erhalten Sie eine Auswahl dieser Produkte in Gemüseläden; die exotischeren finden Sie teilweise in asiatischen Lebensmittelgeschäften wie auch bei türkischen und arabischen Gemüsehändlern.

Wenn Sie sich doch für das Sammeln entscheiden, dann sollten Sie es zumindest anfangs mit einem Experten tun, der Ihnen beim Bestimmen wilder Pilze oder essbarer Wildpflanzen hilft. Es muss nicht eigens erwähnt werden, dass es wichtig ist, ungiftige von giftigen Pilzen unterscheiden zu lernen, zudem gehören nicht alle Pilze, die Sie zusammen an einem Platz finden, unbedingt derselben Art an. Pflücken Sie keine ganz jungen Pilze, die Merkmale zur sicheren Bestimmung sind noch nicht ausgeprägt. Vermeiden sie außerdem – und das gilt für alle wild wachsenden Nahrungsmittel – das Sammeln in oder in der Nähe von Industriegebieten oder auf belasteten Böden: Der Boden kann Chemikalien und Metalle aufgenommen haben, die sich als Rückstände in den Pflanzen wiederfinden.

Wilde Pilze lassen sich hervorragend zu Brühen und Saucen verarbeiten, die als Grundlage für Suppen oder als Beigabe zu Gemüsen oder auch als eigenständige Hauptgerichte dienen können. Häufig in Lebensmittelläden erhältliche Sorten sind Pfifferlinge, Samtfußrüblinge (Enokitake), Morcheln, Austernpilze und Shiitake. Weniger geläufige Arten tragen zum Teil ganz schön seltsame Namen, zum Beispiel Maronen-Röhrling, Krause Glucke oder Fette Henne, Rehbrauner Dachpilz, Judasohr oder Mu-Err, Schopf-Tintling und Hasen-Stäubling. Wer dachte sich bloß diese Namen aus? Wahrscheinlich jene erfindungsreichen, mutigen Sammler, die sie zuerst probierten und nicht tot umfielen!

Ebenfalls beliebt und problemlos wild zu sammeln ist Löwenzahn, der auch auf Wochenmärkten oder in Bioläden angeboten wird. Die Blätter sind köstlich als Salat, in Smoothies oder gedünstet zu genießen. Auch die Knospen passen gut in Salate. Der leicht bittere Geschmack (ausgewachsene Pflanzen schmecken bitterer als ganz junge) lässt sich durch Essig neutralisieren, und die Blätter lassen sich wie Grünkohl oder Spinat garen. Löwenzahnblätter enthalten viel Kalzium und ihnen werden von der Makrobiotik seit langem Heilkräfte zugeschrieben.

Wenn Sie Löwenzahn sammeln, seien sie vorsichtig bei Hinterhofgewächsen. Sollte in Ihrem Gärtchen irgendwann einmal ein Mittel gegen Löwenzahn gespritzt worden sein, sollten Sie die Blätter nicht essen. Sie müssen den Boden kennen, auf dem die Pflanzen wachsen! Pflücken Sie nicht in der Nähe von alten Telefonmasten oder Eisenbahnschienen, auch hier können die Pflanzen ausgewaschene Chemikalien aus dem behandelten Holz aufgenommen haben. Außerdem: Wenn Sie Löwenzahn oder andere Pflanzen sammeln, vergewissern Sie sich, dass Sie das Recht dazu haben und nicht auf Privatgrundstücken wildern.

Andere Wildpflanzen mit essbaren Teilen sind zum Beispiel die Große Klette, Rohrkolben, Gewöhnliche Vogelmiere (Vogel-Sternmiere), Wegwarte (Zichorie), Klee, Gänseblümchen, Schmalblättriges Weidenröschen (Wald-Weidenröschen, Stauden-Feuerkraut), Knoblauchsrauke, Gewöhnliches Tellerkraut, Brennnesseln, Weißer Gänsefuß und andere Arten der Gänsefüße. Vertreter dieser Pflanzengattung (zu denen übrigens auch Quinoa gehört) sind wahre Kraftwerke mit einem hohen Eiweißgehalt und laufen Brokkoli, Blattkohl und Spinat den Rang ab.

Die Liste der Wildpflanzen, die Sie sammeln können, ließe sich endlos fortsetzen. Wilder Spargel versorgt Sie mit reichlich Kalium, Thiamin (Vitamin B_1), Vitamin B_6 und Vitamin C. Seine Stängel sind viel dünner als die des grünen oder weißen Spargels, den Sie im Gemüseladen oder auf dem Markt bekommen, und eine echte Köstlichkeit, die Sie kochen oder sogar roh essen können. Und da wären noch die über 400 essbaren Grasarten, von denen Weizengras das bekannteste ist und beliebt wegen seiner gesundheitsfördenden Wirkungen. Nicht vergessen dürfen wir Amarant, eine Pflanzengattung, deren meiste Vertreter aus den beiden Amerikas stammen, heute aber weltweit vorkommen. Wilder Amarant ist hingegen in der Alten Welt heimisch, vom Mittelmeerraum bis nach Zentralasien. Alle Teile der Pflanze sind essbar, allerdings sind die Dornen mancher Arten ungenießbar. Obwohl Amarantblätter nicht giftig sind, enthalten sie Oxalsäure und können große Mengen an Nitraten aufweisen, wenn sie in nitratreichem Boden wachsen. Um diese Stoffe zu entfernen, kochen Sie am besten die Blätter, selbst dann, wenn Sie die Pflanze roh vertragen und tatsächlich auch essen können. Und schließlich müssen noch Algen erwähnt werden, von denen alle Sorten ebenfalls essbar sind; idealerweise sollten sie aber vor dem Verzehr in frischem Wasser gründlich gewaschen werden. Sie können einer Suppe oder einem Salat zugegeben werden, mit etwas Sojasauce gekocht und mit einem Klacks Misopaste gewürzt werden – um nur ein paar Möglichkeiten zu nennen, wie man schnell und ohne großen Aufwand eine köstliche Mahlzeit mit vielen verschiedenen Nährstoffen auf den Tisch zaubert.

Aber Sie müssen sich keine Sorge machen, falls Sie auf Wildpflanzen und exotische Gemüse nicht zurückgreifen können; die meisten herkömmlichen Obst- und Gemüsesorten, die in den Läden oder auf Wochenmärkten vor Ort angeboten werden, erfüllen den Zweck genauso gut.

TIPPS FÜR SPORTLICH AKTIVE UND LEISTUNGSSPORTLER

Menschen, die sportlich aktiv sind, vor allem Leistungssportler, haben über den durchschnittlichen Bereich hinausgehende und sich von diesem unterscheidende Ernährungsbedürfnisse. Seit 2006 habe ich Dutzende Läufe über 5 Kilometer oder längere Distanzen in meiner Altersgruppe absolviert, und ich weiß aus eigener Erfahrung: Wenn ich vorher nicht die richtigen Nährstoffe in genügender Menge zu mir nehme, mache ich schneller schlapp, als man »letzter Platz« sagen kann. Als ernsthafte Wettkämpferin lasse ich es natürlich nicht so weit kommen. Ich achte beständig auf Signale meines Körpers und stelle sicher, das er alles bekommt, was er für eine bestmögliche Leistung braucht. Und wenn ich mich kurz vor der Ziellinie in einem Kopf-an-Kopf-Rennen befinde, können Sie wetten, dass mein Kontrahent genau das auch tut. Zwar mögen unsere Bedürfnisse unterschiedlich sein, weil sich unsere Körper voneinander unterscheiden, doch wir beide wissen, auf welchem Stand wir selbst gerade sind.

Wie viele Kohlenhydrate braucht der Körper?

Wenn Sie kein Leistungssportler sind, aber sich dennoch viel und regelmäßig bewegen und Paläo probieren möchten, beginnen Sie vielleicht am besten mit einem der wichtigsten ersten Schritte – der Erhöhung der Eiweißzufuhr bei gleichzeitiger Reduzierung der Kohlenhydratzufuhr. So können Sie testen, wie Sie sich dabei fühlen. Ihr Körper wird lernen, wie er das Fett (aus Nahrungsmitteln wie etwa Avocados, Nüssen, Oliven und gesunden Pflanzenölen in mäßiger Menge) statt der Kohlenhydrate als direkte Quelle für die Verbrennung einsetzt. Manchen Körpern gelingt diese Anpassung zügiger als anderen, was mit mehreren Faktoren zusammenhängt, darunter genetische und den Stoffwechsel betreffende. Sie müssen es selbst ausprobieren, ob Sie mit weniger Kohlenhydraten genauso viel oder sogar mehr Leistung erbringen. Für einen solchen Selbstversuch empfehle ich zwei Vorgehensweisen:

- Falls Sie ohnehin nicht viel Getreide und Hülsenfrüchte essen und Sie den Paläo-Prinzipien strenger folgen wollen, streichen Sie Getreide und Hülsenfrüchte von Ihrem Speiseplan, ebenso wie raffinierten Zucker.
- Falls Sie viel Getreide und Hülsenfrüchte essen, senken Sie Ihren Konsum deutlich und verzichten Sie auf alle raffinierten Zucker. Natürlich sollten Sie dabei sicherstellen, dass Sie ausreichend Nährstoffe aus anderen Produkten zu sich nehmen.

Bleiben Sie mindestens ein paar Wochen lang bei der gewählten Ernährungsweise, nur dann können Sie wirklich beurteilen, wie sich die Umstellung auf Ihren Körper auswirkt. Falls Sie das Gefühl haben, launisch oder träge zu sein, oder sonstige negative Auswirkungen feststellen, löst eventuell eine erneute Kohlenhydrataufnahme das Problem; ändern Sie aber nichts an Ihren sonstigen Paläo-Gewohnheiten. Verbessert sich dadurch Ihr Energieniveau, experimentieren Sie weiter mit Ihrer Kohlenhydrataufnahme, bis Sie die für Sie richtige tägliche Menge ermittelt haben. Denken Sie immer daran, dass der Respekt vor dem Wissen Ihres Körpers an erster Stelle stehen sollte.

Nehmen wir einmal an, Sie benötigen mehr Kohlenhydrate, als die übliche Paläo-Ernährung empfiehlt. Welche Quellen sollten Sie wählen? Neben einem höheren Verzehr von Getreiden und Hülsenfrüchten bietet sich an, viel öfter zu Obst zu greifen, egal ob pur oder in einen Smoothie gemixt. Essen Sie außerdem Kürbisse und Süßkartoffeln. Im Gegensatz zu normalen Kartoffeln, die nicht zu den Paläo-Lebensmitteln gehören und nicht viel in puncto Nährstoffe zu bieten haben, stecken Süßkartoffeln voll davon – ein großer Paläo-Daumen nach oben!

Kohlenhydratbedarf von Leistungssportlern

Mit dem Begriff Carboloading (was so viel bedeutet wie: Kohlenhydrate zuladen) ist üblicherweise eine Strategie gemeint, derer sich viele Ausdauersportler bedienen. Sie erhoffen sich dadurch eine Maximierung des Vorrats an Muskelglykogen, das dann für die Umwandlung in Glukose bereitsteht. Doch Sportler mit einer ausgewogenen und ihrer jeweiligen Disziplin gemäßen veganen Ernährungsweise müssen niemals Kohlenhydrate zuladen. Ihre Glykogenspeicher sind immer gefüllt und können jeden Moment abgerufen werden.

Paläo gestattet Sportlern bestimmte Ausnahmen: Quinoa, stärkehaltige Knollenfrüchte und Wasserreis (für Nicht-Sportler laufen sie unter Schummelei). Diese Nahrungsmittel sind ohnehin regulärer Bestandteil des Speiseplans vieler sich vegan ernährender Sportler. Mit Blick auf den speziellen Bedarf von Sportlern empfiehlt die Paläo-Küche weiterhin, dass diejenigen, die mehr Kohlenhydrate benötigen, nur zu komplexen Kohlenhydraten greifen sollen, etwa Süßkartoffeln und Kürbissen.

Wie man genug Kalorien bekommt

Menschen, die körperlich aktiv sind und Sport betreiben, müssen offensichtlich dafür Sorge tragen, dass sie über den Tag genug Kalorien zu sich nehmen, damit sie nicht schlappmachen. Etliche sich vegan ernährende Hochleistungssportler weisen in ihren Büchern darauf hin, dass der Verzehr von Nüssen, Samen und gesunden Fetten in rauen Mengen das ist, was »den Kolben am Pumpen« hält. Weil diese Sportler wahre Kalorienverbrennungsmaschinen sind, benötigen sie die Extra-Kalorien, die ihnen diese Nahrungsmittel liefern. Um wirklich an der Spitze ihrer jeweiligen Disziplinen mitzumischen, müssen ihre Körper, so sagen sie, in einem Zustand für eine hervorragende Fettverbrennung sein.

Ist Ihr Körper in einem Zustand für eine hervorragende Fettverbrennung? Ein Anzeichen dafür ist, dass Sie sich nach ein bis zwei Stunden Training noch nicht hungrig fühlen. Hunger ist das Signal des Körpers, dass er fast alle Kohlenhydrate verbrannt hat und nun bereit ist, sich an die Verbrennung von Fett zu machen. Ist Ihre Kohlenhydratzufuhr niedrig, wie es dem Paläo-Konzept nach sein soll, erfolgt dieses Umschalten relativ rasch, das heißt, ihre Fettreserven dienen mehr oder weniger unmittelbar als Treibstoff.

Ganz gleich, ob Sie Ihren Antrieb aus der Verbrennung von Kohlenhydraten oder der von Fett erhalten: Das Wichtigste, was Sie sicherstellen müssen, ist, dass Ihr Körper genug davon hat, damit er sich auf der Suche nach Treibstoff nicht an die Muskeln macht. Bei Ausdauersportlern kann der Verlust von Muskelmasse zur Abnahme ihrer Beanspruchbarkeit, Kraft und Leistungsfähigkeit führen. Das erklärt auch warum der Gesamtumsatz oder Sollwert abnimmt, je länger jemand eine kalorienreduzierte Diät hält. Der Körper schaltet um auf Hungermodus und macht alles, was nötig ist, um noch an dem kleinsten bisschen Fett festzuhalten, weil er eine Hungersnot erwartet.

Paläos empfehlen im Allgemeinen, dass 30 bis 50 Prozent der täglichen Kalorienzufuhr aus tierischen Quellen stammen soll. Wer etwas größeres Verständnis für den Bedarf von Sportlern mitbringt, ist der Ansicht, dass diese Angabe Schwankungen unterliegt und schwierig in die Tat umzusetzen ist. Warum? Das Training für Ausdauersportarten verlangt dem Körper einiges ab. Während eines intensiven Trainings befindet sich der Sportler in einem Zustand ständiger Regeneration. Für eine optimale Regeneration empfiehlt die Paläo-Küche deshalb den Verzehr von Obst und Gemüse mit einem niedrigen oder mäßigen glykämischen Wert. Und das ist auch genau das, was so viele schlagzeilenträchtige vegane Sportler berichten: Pflanzenbasierte Nahrung verbessert tatsächlich die Leistungsfähigkeit. (Natürlich wäre keine zum Sieg führende Leistungsfähigkeit denkbar ohne genügend Pausen und Regeneration des zuvor gestressten Körpers.)

Wie lassen sich diese Empfehlungen in die Praxis umsetzen? Sie bedeuten nicht, dass Sie vor Ihrer morgendlichen Übungseinheit zum Frühstück Kohl-und-Bohnen-Suppe essen müssen. In der Tat empfehlen viele nicht vegan ausgerichtete Webseiten für Sportler vor dem Training den Verzehr von komplexen, aber problemlos verdaubaren Kohlenhydraten. Im Klartext kann das bedeuten: unterschiedliches Essen für unterschiedliche Menschen. Vielen Sportlern genügt ein halber Becher gekochter Hafer mit Beeren, um über viele Stunden hinweg leistungsfähig zu sein. Andere bekamen Krämpfe, nachdem sie zum Frühstück Eiweiß zu sich genommen haben. Es gibt hier keine Patentlösung für den Erfolg. Man muss ganz einfach lernen, auf seinen eigenen Körper zu hören.

Während eines längeren Trainings, zum Beispiel bei Mittel- und Langstreckenläufen, verschafft die Zufuhr von Kohlenhydraten mit einem hohen glykämischen Wert, etwa Sport-Drinks, den meisten Leuten einen Vorteil. Wenn Ihre eigene Übungseinheit unter einer Stunde liegt, sollten Sie keine Extra-Kohlenhydrate brauchen. Doch falls Sie länger trainieren, sich richtig ins Zeug legen, ist es klug, bei Bedarf Kohlenhydrate nachzulegen.

Weitgehende Einigkeit herrscht darüber, was man nach einer anstrengenden körperlichen Aktivität essen sollte. Üblich ist es – und wirklich wichtig –, zwischen 30 und 60 Minuten nach dem Training seinem Körper gute Eiweiß- und Kohlenhydratquellen zuzuführen, um die Erholung voranzutreiben wie auch die Regeneration von Muskeln, die durch Ihre Anstrengungen belastet und geringfügig verletzt wurden. Essen Sie regelmäßig über die nächsten Stunden. Glukosereiche Kohlenhydrate unterstützen stark den Regenerationsprozess – auch hier sind Süßkartoffeln die Rettung! –, das heißt, wenn Sie Lust auf Nudeln oder Brot haben, greifen Sie zu. Das Ziel ist, die Vorräte wiederaufzufüllen, die Sie gerade im Namen Ihrer Leistungsfähigkeit verbraucht haben. Genießen Sie Ihre Kohlenhydrate. Machen Sie sich keine Sorgen, Paläo-Anhänger werden Ihnen verzeihen.

Für Leute, die Kalorienkalkulationen auf Knopfdruck haben wollen, gibt es einige ausgezeichnete Smartphone-Apps, die Ihnen genau sagen, wie viele Nettokalorien Sie verbrauchen müssen. Für diese Information müssen Sie sämtliche Lebensmittel, die Sie während der Mahlzeiten zu sich nehmen, eingeben, ebenso die Zeit für Laufen, Walking oder welchen Sport auch immer, den Sie an dem Tag betrieben haben. Diese Technik erleichtert die Nachverfolgung ihrer Nährstoffaufnahme und kann ihnen helfen, zu bestimmen, welche Übungen am besten für Sie sind und ob Ihre täglichen Ansprüche erfüllt werden.

Paläo-Training

Es ist kein Geheimnis, dass ein geeignetes Bewegungsprogramm empfehlenswert ist, um bei guter Gesundheit zu bleiben – und zwar egal, wie Sie sich ernähren. Egal ob Sie bereits einem solchen Fitness-Programm folgen – ich weiß, dass Sie das tun! – oder ob Sie damit beginnen möchten, hier sind ein paar Paläo-Vorschläge für Übungen:

- Betreiben Sie zweckmäßige Übungen, beispielsweise Unterarmstütze, Liegestütze, Klimmzüge, Kniebeugen oder Übungen mit vergleichbaren Bewegungen.
- Legen Sie für ein paar Sekunden pro Woche einen Sprint ein.
- Heben Sie täglich 30 bis 60 Minuten mit der gebotenen Vorsicht Gewichte; pausieren Sie an einem Tag in der Woche.
- Gehen Sie pro Woche mit mäßigem Tempo bis zu fünf Stunden zu Fuß.

Der Ausdruck »zweckmäßige Übungen« bezieht sich auf ein Trainingskonzept zum Kraftaufbau mittels Übungen, bei denen viele unserer Muskeln und Gelenke gleichzeitig und ausgewogen beansprucht werden. Im Gegensatz zu Übungen, die an Geräten ausgeführt werden und jeweils nur auf eine kleine Zahl von Muskeln abzielen, verfolgen zweckmäßige Übungen einen ganzheitlicheren Ansatz und sollen unsere alltäglichen Bewegungen und Aktivitäten erleichtern. Sich vegan ernährende Ausdauersportler erzählen häufig, dass wir dazu geschaffen sind, lange Distanzen zu bewältigen, besonders wenn es darum ging, Raubtieren davonzulaufen. Paläo-Vertretern zufolge sollte der Akzent darauf liegen, den Körper so natürlich wie möglich zu bewegen. Für welche Art von Bewegungsprogramm Sie sich entscheiden, stellen Sie auf jeden Fall sicher, dass Sie nach Ihrem Training genug Zeit zum Ausruhen und zur körperlichen Erholung haben.

KAPITEL 3

Kraft für den Tag

Frühstück

Frühstück ist die ideale Tageszeit für reinigende und gesunde Nahrung, die der Körper nach dem nächtlichen Fasten besonders gut aufnimmt. Sie können geradezu schmecken, wie diese frische, angenehm säuerliche Leckerei ihrer Gesundheit zugutekommt.

Leckerer Guten-Morgen-Apfel-STARTER

ERGIBT 1 PORTION

1 Apfel, gerieben

¼ Tasse* rohe oder geröstete **Pekannüsse**, halbiert

Saft einer ½ **Zitrone** (unbehandelt)

1 TL gemahlener **Zimt**

* Siehe Kochtipp der Redaktion S. 8.

Alle Zutaten in einer kleinen Schüssel gut vermischen. Und dann essen!

Pro Portion: 272 Kalorien, 3 g Eiweiß, 20 g Fett (davon 2 g gesättigt), 28 g Kohlenhydrate, 2 mg Natrium, 57 mg Kalzium, 7 g Ballaststoffe

Dieser morgendliche Muntermacher bringt jeden Höhlenmenschen auf die Beine. Die Hanfsamen geben der klassischen Kombination aus Ananas und Kokosnuss einen ordentlichen Proteinschub, deren Menge Sie nach Geschmack variieren können. Im Gegensatz zu Eiweißpulver sind Hanfsamen sehr leicht verdaulich.

Ananas-Kokosnuss-SMOOTHIE

ERGIBT 2 PORTIONEN

2 Tassen* gewürfelte **Ananas**

1½ Tassen **Kokoswasser**

½ Tasse vollfette **Kokosmilch**

½ Tasse **Hanfsamen**

* Siehe Kochtipp der Redaktion S. 8.

Alle Zutaten in einem Mixer fein pürieren.

VARIANTE: Für einen Extra-Geschmackskick 1 EL gehackten frischen Ingwer hinzufügen.

Pro Portion: 519 Kalorien, 17 g Eiweiß, 30 g Fett (davon 10 g gesättigt), 53 g Kohlenhydrate, 49 mg Natrium, 295 mg Kalzium, 5 g Ballaststoffe

Blattgemüse und Früchte sind der Inbegriff ursprünglicher Kost. Dieser Smoothie ist ein grandioser Start in den Tag; er ist fettarm, anregend und leicht, und er hält Sie munter.

SMOOTHIE aus Grünkohl, grünem Apfel, Limette

ERGIBT 1 PORTION

- 2 Tassen* **Kokoswasser** (falls nötig mehr)
- 1 Tasse grob gehackte **Grünkohlblätter**
- **1 grüner Apfel**, in Stücke geschnitten
- ½ Tasse **Hanfsamen**
- 1 EL frisch gepresster **Limettensaft**

* Siehe Kochtipp der Redaktion S. 8.

Alle Zutaten in einem Mixer glatt pürieren. Falls der Smoothie zu dickflüssig ist, ein wenig mehr Kokoswasser oder klares Wasser hinzufügen und noch einmal kurz mixen.

Pro Portion: 519 Kalorien, 24 g Eiweiß, 20 g Fett (davon 2 g gesättigt), 56 g Kohlenhydrate, 119 mg Natrium, 154 mg Kalzium, 8 g Ballaststoffe

Chiasamen, schon bei den alten Stämmen Mittelamerikas ein Grundnahrungsmittel, haben eine starke Kombination aus Eiweiß, Fetten, Antioxidantien und löslichen Ballaststoffen. Zudem balancieren sie den Blutzuckerspiegel aus und vertreiben den Hunger, was sie zu einer idealen Frühstückszutat macht.

Chia-Müsli MIT BANANEN

ERGIBT 1 PORTION

- 1 Tasse* **Mandelmilch**
- 2 EL **Chiasamen**
- ½ TL **Vanilleextrakt**
- **1 Banane**, in Scheiben
- 1 TL leicht zerstoßene **Kardamomsamen** (optional)

* Siehe Kochtipp der Redaktion S. 8.

Mandelmilch in eine kleine Schüssel geben. Chiasamen und Vanilleextrakt hinzufügen und mindestens 1 Minute lang flott rühren, um ein Zusammenklumpen der Chiasamen zu verhindern. Mindestens 20 Minuten und bis zu 8 Stunden kühl stellen.

Kurz vor dem Servieren die Chiasamen-Mischung umrühren. Banane und Kardamomsamen (optional) hinzugeben und gut durchrühren.

Pro Portion: 265 Kalorien, 8 g Eiweiß, 9 g Fett (davon 0,3 g gesättigt), 35 g Kohlenhydrate, 151 mg Natrium, 460 mg Kalzium, 14 g Ballaststoffe

Unsere altsteinzeitlichen Vorfahren wären mit uns einer Meinung, dass es früh am Morgen nichts Besseres gibt als eine Schüssel frischer Beeren. Dieses uralte Vergnügen können Sie mit einer Sauce pürierter Beeren gehörig aufpeppen. Vergessen Sie nicht die Zitronenverbene, ein wohlschmeckendes Kraut, das das Verdauungssystem beruhigt und das Nervensystem unterstützt.

Gemischte Beeren MIT BEERENPÜREE UND ZITRONENVERBENE

ERGIBT 4 PORTIONEN

2½ Tassen* **Blaubeeren**

3½ Tassen **Brombeeren** (optional zwei verschiedene Sorten, davon eine mit ausgeprägter Säure)

2 Tassen **Erdbeeren**, halbiert oder längs geviertelt

1 EL **Palmzucker** (optional)

2 Tassen **Himbeeren**

1 Tasse **gelbe Himbeeren** (oder insgesamt 3 Tassen Himbeeren)

2 EL grob gehackte **Zitronenverbeneblätter**

* Siehe Kochtipp der Redaktion S. 8.

1 Tasse Blaubeeren, 1 Tasse Brombeeren, ½ Tasse Erdbeeren und, falls gewünscht, den Palmzucker in einen Mixer geben und glatt verrühren. Durch ein Sieb streichen, um die Kerne zu entfernen, und in eine mittelgroße Schüssel geben. Die restlichen 1½ Tassen Blaubeeren, 2½ Tassen Brombeeren und 1½ Tassen Erdbeeren zusammen mit den Himbeeren, den gelben Himbeeren und der Zitronenverbene dazugeben. Behutsam, aber gründlich vermischen und sofort servieren.

Pro Portion: 200 Kalorien, 4 g Eiweiß, 1 g Fett (davon 0,1 g gesättigt), 52 g Kohlenhydrate, 16 mg Natrium, 95 mg Kalzium, 14 g Ballaststoffe

PALÄO-TRICK: Obwohl Zucker üblicherweise in einer strengen Paläo-Ernährung vermieden wird, kann ein bisschen Süße ab und an Aromen wunderbar zur Geltung bringen. Palmzucker ist der natürlichste Zucker, den Sie bekommen können, und er weist sowohl einen niedrigen glykämischen Index als auch einen geringen Fruktosegehalt auf.

Frische und getrocknete Früchte unterstützen gleichermaßen einen guten Start in den Tag, und diese Kombination steckt voller anregender Aromen, Antioxidantien und reinigender Stoffe. Gojibeeren (Wolfsbeeren) sind reich an Vitamin A und unterstützen die Gesundheit der Augen – ein Vorteil für den modernen Jäger-und-Sammler.

Mango, Papaya, Ananas, Kiwi MIT GOJIBEEREN UND MINZE

ERGIBT 4 PORTIONEN

- 1½ Tassen* **Mango**, gewürfelt
- 1½ Tassen **Papaya**, gewürfelt
- 1½ Tassen **Ananas**, gewürfelt
- 4 **Kiwis**, geschält, geviertelt und in ca. 0,5 cm dicke Scheiben geschnitten
- ½ Tasse getrocknete **Gojibeeren** (siehe Kasten »Dem Geschmack auf der Spur«)
- 1 EL frisch gepresster **Limettensaft**
- ½ TL leicht zerstoßene **Kardamomsamen**
- 12 frische **Minzblätter**

* Siehe Kochtipp der Redaktion S. 8.

Mango, Papaya, Ananas, Kiwi, Gojibeeren, Limettensaft und Kardamom in eine große Schüssel geben und behutsam, aber gründlich miteinander vermengen.

Die Minzblätter aufeinanderlegen und quer in ca. 0,5 cm breite Streifen schneiden; aufschütteln, um sie voneinander zu trennen. Die Hälfte der Minze zu den Früchten geben und vorsichtig durchmischen.

Die Früchtemischung auf vier Schalen verteilen und mit der restlichen Minze garnieren. Sofort servieren.

Pro Portion: 231 Kalorien, 4 g Eiweiß, 1 g Fett (davon 0,1 g gesättigt), 57 g Kohlenhydrate, 69 mg Natrium, 213 mg Kalzium, 4 g Ballaststoffe

DEM GESCHMACK AUF DER SPUR

Obwohl Gojibeeren (Wolfsbeeren) im Westen erst seit Kurzem eine gewisse Bekanntheit genießen, werden sie in China und in Tibet schon seit Tausenden von Jahren als Nahrung und als Medizin genutzt. Gojibeeren sind das mit Nährstoffen vollgepackteste Nahrungsmittel überhaupt und enthalten alle essentiellen Aminosäuren, riesige Mengen von Eisen und Vitamin C, Spurenelemente und Antioxidantien. In der chinesischen Medizin kommen sie zur Stärkung von Leber, Nieren und Immunsystem zum Einsatz. Und ja – ziemlich lecker sind sie außerdem!

Dieser vor Nährstoffen strotzende Fruchtsalat ist köstlich, leicht und versetzt dem Gaumen einen Kick. Die Kohlenhydrate schärfen die Sinne und unterstützen die Blutgesundheit – genau das Richtige zum Frühstück!

Fruchtsalat MIT BLAUBEER-MANDEL-CREME

ERGIBT 4 PORTIONEN

1¾ Tassen* **Blaubeeren**

1 Tasse **Kokoscreme** aus vollfetter Kokosmilch (siehe Info-Kasten)

4 entsteinte **Medjoul-Datteln**

1 EL frisch gepresster **Zitronensaft**

1 TL **Mandelextrakt**

1 Tasse **Erdbeeren**, halbiert oder längs geviertelt

1 Tasse **Himbeeren**

2 **Bananen**, in Scheiben geschnitten

2 **Kiwis**, geschält und geviertelt

1 **Apfel**, geviertelt

* Siehe Kochtipp der Redaktion S. 8.

¾ Tasse Blaubeeren, Kokoscreme, Datteln, Zitronensaft und Mandelextrakt in einen Mixer geben und verrühren, bis eine glatte Masse entstanden ist. Abdecken und mindestens 1 Stunde, maximal 8 Stunden in den Kühlschrank stellen.

Kurz vor dem Servieren die restlichen Blaubeeren zusammen mit den Erdbeeren, Himbeeren, Bananen, Kiwis und dem Apfel dazugeben. Behutsam, aber gründlich vermengen und sofort servieren.

Pro Portion: 412 Kalorien, 4 g Eiweiß, 18 g Fett (davon 15 g gesättigt), 65 g Kohlenhydrate, 38 mg Natrium, 71 mg Kalzium, 10 g Ballaststoffe

KOKOSCREME: Wenn vollfette Kokosmilch für längere Zeit steht, setzt sich das Fett an der Oberseite ab und wird fest. Das ist die sogenannte Kokoscreme, die sich mühelos auslöffeln lässt, wenn Sie die Dose zuvor nicht geschüttelt haben. Das Kokoswasser heben Sie für eine andere Verwendung auf.

KAPITEL 4

Aromen sammeln

Saucen, Dips und Gewürze

Servieren Sie diesen aromatisch, pikanten Dip zu rohem Gemüse als Fingerfood oder als Sauce zu einer Vielzahl von Gerichten (verdoppeln Sie dafür die Mengenangaben und verdünnen Sie den fertigen Dip mit etwas Wasser). Sie können die Schärfe beeinflussen, indem Sie die Menge der Chilis erhöhen oder verringern. Chilis sind die Rockstars unter den entzündungshemmenden Lebensmitteln, und wenn Sie bisher Schärfe noch nicht so recht mögen, ist dies vielleicht ein guter Zeitpunkt, damit anzufangen!

Pikanter Erdnuss-DIP

ERGIBT 1½ TASSEN

1 EL **kaltgepresstes Kokosöl**

2 **Schalotten**, fein gewürfelt

2 EL klein gehackter **Knoblauch**

¾ Tasse* geröstete **Erdnüsse**

⅓ Tasse vollfette **Kokosmilch**

1 EL gehackte frische **Chilis** oder 1 TL **scharfes Chilipulver**

1 EL salzarme **Tamari Sojasauce**

Schale und Saft einer unbehandelten **Limette**

* Siehe Kochtipp der Redaktion S. 8.

In eine heiße Pfanne zunächst das Öl geben. Sobald es schmilzt, die Schalotten und den Knoblauch dazugeben. Ungefähr 4 Minuten rühren, bis beides weich ist und leicht karamellisiert. In einen Mixer geben, Erdnüsse, Kokosmilch, Chilis, Tamari Sojasauce, geriebene Schale und Saft der Limette hinzufügen. Solange pürieren, bis die Mischung so sämig und glatt wie gewünscht ist; gegebenenfalls ein wenig Wasser für die gewünschte Konsistenz hinzufügen. In eine kleine Schüssel füllen und servieren.

Pro 2 EL: 78 Kalorien, 2 g Eiweiß, 6 g Fett (davon 3 g gesättigt), 4 g Kohlenhydrate, 118 mg Natrium, 7 mg Kalzium, 1 g Ballaststoffe

Dieser köstliche Dip ist die Paläo-Version von Hummus: Voller Geschmack, aber viel leichter als sein Vorbild aus dem Nahen Osten. Servieren Sie dazu rohe Gemüsesticks.

PALÄO-HUMMUS aus Kürbis

ERGIBT 1½ TASSEN

- 4 Tassen* **Kürbis**, geschält und gewürfelt
- 3 EL **natives Olivenöl extra**
- ¼ TL **Meersalz**
- 1 EL **Wasser**
- 2 **Knoblauchzehen**, gepresst
- 1 EL frisch gepresster **Zitronensaft**
- ¼ Tasse **Cashew-Butter** (aus rohen Cashew-Kernen)

* Siehe Kochtipp der Redaktion S. 8.

Backofen auf 200 °C vorheizen.

Kürbiswürfel in einer mittelgroßen Schüssel mit 2 EL Öl und dem Salz gut vermischen, bis Öl und Salz gleichmäßig verteilt sind. Ein Blech mit Backpapier auslegen und den Kürbis in einer Lage darauf verteilen. Auf der mittleren Schiene 30 bis 40 Minuten backen, bis der Kürbis gar und braun gebacken ist. Alle 10 bis 15 Minuten wenden, damit er gleichmäßig bräunt. Kürbis in eine große Schüssel geben und mit Wasser beträufeln. Abdecken und abkühlen lassen.

Kürbis in einen Mixer oder eine Küchenmaschine geben und das restliche Öl, Knoblauch und Zitronensaft hinzufügen. Glattrühren, Cashew-Butter hinzugeben und nochmals rühren, bis sich alle Zutaten gut vermischt haben. In eine kleine Schüssel füllen und servieren.

Pro 2 EL: 78 Kalorien, 1 g Eiweiß, 6 g Fett (davon 1 g gesättigt), 2 g Kohlenhydrate, 47 mg Natrium, 4 mg Kalzium, 0 g Ballaststoffe

Die Bittermelone (oder Bittergurke) ist ein kraftvoller Blutreiniger und ein Stärkungsmittel, das seit Tausenden Jahren in China als Heilpflanze genutzt wird. Wie der Name vermuten lässt, hat die Bittermelone einen ausgeprägten Eigengeschmack, der sich wacker gegen die anderen mächtigen Aromen in diesem würzigen Gericht behauptet.

SALSA aus gegrillter Bittermelone

ERGIBT 2 TASSEN

- 3 kleine **indische Bittermelonen** oder 1 große **chinesische Bittermelone** (siehe Kasten »Dem Geschmack auf der Spur«)
- 2 **Romatomaten**, in ca. 1,5 cm große Stücke gewürfelt
- 1 reife, aber feste **Avocado**, in 1,5 cm große Stücke gewürfelt
- 1 kleine **weiße Zwiebel**, in ca. 1,5 cm große Stücke gewürfelt
- 1 Tasse* grob gehackter frischer **Koriander**
- 3 frische **grüne Serrano-Chilischoten**, fein gewürfelt
- 3 EL **Leinöl**
- 2 EL frisch gepresster **Limettensaft**
- ½ TL **Chimayó-Chilipulver**
- ¼ TL **Meersalz**
- ⅛ TL **schwarzer Pfeffer** aus der Mühle

* Siehe Kochtipp der Redaktion S. 8.

Einen Holzkohlegrill oder Gasgrill auf höchster Stufe vorheizen.

Bittermelonen darauf legen und unter gelegentlichem Umdrehen so lange grillen, bis sie gleichmäßig braun bis schwarz geröstet sind. Unter kaltem Wasser abspülen und so viel wie möglich von der verbrannten Haut abziehen. Mit einem sauberen Küchenhandtuch abtrocknen und jede Melone der Länge nach halbieren. Mit einem Löffel die Kerne ausschaben und wegwerfen. Die Melonenhälften nochmals längs halbieren und dann quer in 0,5 cm große Stücke schneiden. In eine mittelgroße Schüssel geben.

Tomaten, Avocado, Zwiebel, Koriander, Chili, Leinöl, Limettensaft, Chimayó-Chilipulver, Salz und Pfeffer hinzufügen. Mit einem Silikonlöffel gut durchrühren, bis sich alle Zutaten gut verbunden haben. Sofort servieren.

Pro ¼ Tasse: 97 Kalorien, 1 g Eiweiß, 7 g Fett (davon 1 g gesättigt), 7 g Kohlenhydrate, 74 mg Natrium, 9 mg Kalzium, 3 g Ballaststoffe

PALÄO-TRICK: Fügen Sie 1 bis 1½ Tassen gekochte rote Kidneybohnen hinzu und essen Sie die Salsa mit Tortillas aus Zuckermais.

DEM GESCHMACK AUF DER SPUR

Die besten Bittermelonen findet man in indischen Lebensmittelläden, wo sie auch unter der Bezeichnung Karela angeboten werden. Falls die Frucht neu für Sie ist, seien Sie gewarnt: Bittermelonen liebt man oder man hasst sie. Sie schmeckt sehr bitter (wie der Name schon sagt), aber wenn Sie den ersten Schock erst einmal überwunden haben, sind Sie ihr für immer verfallen.

Diese Salsa kann als köstlicher Dip oder auch als Appetizer serviert werden.

Ananas-Avocado-SALSA

ERGIBT 2 TASSEN

- 1 Tasse* **Ananas**, gewürfelt (ca. 0,5 cm große Stücke)
- 1 Tasse **Avocado**, gewürfelt (ca. 0,5 cm große Stücke)
- ½ Tasse **rote Zwiebel**, gewürfelt (ca. 0,5 cm große Stücke)
- 1 frische **Habanero-Chilischote**, fein gewürfelt
- 2 EL frisch gepresster **Mandarinensaft**
- 1 EL frisch gepresster **Limettensaft**
- ¼ TL **Meersalz**
- ¼ Tasse grob gehackter frischer **Koriander oder Minze** (optional)

* Siehe Kochtipp der Redaktion S. 8.

Ananas, Avocado, Zwiebel, Chili, Mandarinensaft, Limettensaft und Salz in eine große Schüssel geben und behutsam, aber gründlich vermengen. Falls gewünscht, Koriander oder Minze hinzufügen und noch einmal durchrühren. Damit sich die Aromen entfalten können, sollten Sie die Salsa vor dem Servieren für 10 Minuten ruhen lassen.

Pro ¼ Tasse: 55 Kalorien, 1 g Eiweiß, 3 g Fett (davon 0,4 g gesättigt), 7 g Kohlenhydrate, 72 mg Natrium, 38 mg Kalzium, 2 g Ballaststoffe

Edamame sind noch nicht ganz reife grüne Sojabohnen, reich an Eiweiß und Antioxidantien. In diesem Rezept begegnen sie uns angereichert mit den gaumenkitzelnden Aromen einer klassischen japanischen Würze. *Shichimi Togarashi* oder Sieben-Aromen-Mischung enthält üblicherweise schwarze Sesamsamen, gemahlenen Ingwer, geriebene Mandarinenschale, Nori-Flocken, Mohnsamen, *Sansho* (Japanischer Pfeffer), *Shiso*- (Perilla-) Blätter, geröstete Sesamsamen und natürlich grob gemahlenes scharfes rotes Chilipulver.

Edamame-Relish MIT AVOCADO UND SHICHIMI TOGARASHI

ERGIBT 2 TASSEN

- 1 Tasse* tiefgefrorene **Edamame**
- 1 Tasse **Avocado**, gewürfelt (ca. 0,5 cm große Stücke)
- 3 EL **Schalotte**, gewürfelt (ca. 0,5 cm große Stücke)
- 3 EL **Yuzusaft** oder frisch gepresster **Zitronensaft** (siehe »Dem Geschmack auf der Spur«)
- 2 TL **geröstetes Sesamöl**
- 1½ TL **Shichimi Togarashi** (siehe »Dem Geschmack auf der Spur«)
- ½ TL **Zitronenschale** (unbehandelt)
- ¼ TL **Meersalz**

* Siehe Kochtipp der Redaktion S. 8.

Einen kleinen Topf zu etwa zwei Dritteln mit Wasser füllen, salzen und zum Kochen bringen. Edamame hinzufügen. Wenn das Wasser wieder kocht, Edamame in ein Sieb abschütten und unter fließendem kalten Wasser abkühlen. Auf einem sauberen Küchenhandtuch zum Trocknen ausbreiten.

Edamame, Avocado, Schalotte, Yuzusaft, geröstetes Sesamöl, Shichimi Togarashi, Zitronenschale und Meersalz in eine mittelgroße Schüsel geben. Behutsam, aber gründlich mit mischen. Sofort servieren.

Pro 2 EL: 38 Kalorien, 2 g Eiweiß, 3 g Fett (davon 0,4 g gesättigt), 1 g Kohlenhydrate, 40 mg Natrium, 9 mg Kalzium, 1 g Ballaststoffe

DEM GESCHMACK AUF DER SPUR

- Edamame sind tiefgefroren in den meisten (asiatischen) Supermärkten und Naturkostläden erhältlich.

- Shichimi Togarashi bekommen Sie in japanischen oder anderen asiatischen Lebensmittelgeschäften oder in Online-Shops. Obwohl Shichimi Togarashi für ein charakteristisches und komplexes Aroma sorgt, ist das Relish auch ohne diese Gewürzmischung noch ziemlich gut. Haben Sie die Mischung nicht zur Hand, können Sie als Ersatz ¼ TL rotes Chilipulver oder Cayennepfeffer, ¼ TL gemahlenen Ingwer und 1 TL geröstete Sesamsamen nehmen.

- Yuzu ist eine japanische Zitrusfrucht mit einem einzigartigen Geschmack. Saft und Schale finden in einer Vielzahl von Saucen und Würzmischungen Verwendung, einschließlich der Ponzu-Sauce. In Flaschen abgefüllter Yuzusaft wird in Asiamärkten, besonders japanischen, angeboten. Obwohl es keinen wirklich vergleichbaren Geschmack gibt, ist frisch gepresster Zitronensaft eine annehmbare Alternative.

Harissa ist die scharfe Würzpaste aus Marokko und Tunesien , und es gibt unzählige Rezepte für diese Grundzutat der nordafrikanischen Küche. Manche Varianten sind brennend scharf, andere hingegen relativ mild. Die Schärfe unserer Harissa können Sie beeinflussen; um sie zu reduzieren, fügen Sie der Mischung ein paar geröstete Gemüsepaprika hinzu oder entfernen Sie einige der Samen aus den scharfen roten Chilischoten. Meine Version ist nuancenreicher als viele andere – die Salzzitrone, die Minze und der Safran finden sich zusammen und machen sich zunächst kaum wahrnehmbar nur ganz langsam bemerkbar, als ob mit einem Mal aus dem Nichts die Endorphine ins Spiel kommen. Warten Sie's ab.

Harissa

ERGIBT 2 TASSEN

- 1 EL **Koriandersamen**
- 1 EL **Kümmelsamen**
- 2 **rote Gemüsepaprika**, geröstet und grob gehackt (siehe Kasten)
- 230 g frische **scharfe rote Chilischoten**, ohne Stiel und klein gehackt
- 7 **Knoblauchzehen**, grob gehackt
- ½ **Salzzitrone**, grob gehackt (optional, siehe Kasten »Dem Geschmack auf der Spur«)
- 1 EL getrocknete **Minzblätter**
- 1 TL **Meersalz**
- 1 Prise **Safran** (optional, siehe Kasten »Dem Geschmack auf der Spur«)
- ⅓ Tasse* **natives Olivenöl extra**

* Siehe Kochtipp der Redaktion S. 8.

Koriander- und Kümmelsamen in einer kleinen Pfanne unter ständigem Rühren bei mittlerer Hitze anrösten, bis die Samen ihr Aroma entfalten (etwa 3 Minuten lang). Nicht anbrennen lassen! Die Samen in einem Mörser zu einem feinen Pulver zerstoßen, dieses in eine Küchenmaschine oder einen Mixer geben.

Geröstete Gemüsepaprika, Chilischoten, Knoblauch und, wenn gewünscht, Salzzitrone hinzufügen und mit dem Koriander-Kümmel-Pulver fein hacken. Minze, Salz, Safran (optional), die Hälfte des Öls hinzugeben und kurz mischen.

In ein sauberes Gefäß füllen und die Oberfläche glattstreichen. Das restliche Öl darauf geben; die Oberfläche sollte gleichmäßig bedeckt sein. Fest verschließen und im Kühlschrank aufbewahren. Nach jedem Gebrauch die Oberfläche wieder glattstreichen und mit etwas Öl bedecken. Mit geschlossenem Deckel und auf diese Weise versiegelt lässt sich Harissa im Kühlschrank unendlich lange aufbewahren. Aber Sie müssen das nicht ausprobieren – genießen es lieber!

Pro EL: 26 Kalorien, 0 g Eiweiß, 2 g Fett (davon 0,3 g gesättigt), 1 g Kohlenhydrate, 71 mg Natrium, 3 mg Kalzium, 0 g Ballaststoffe

Lernen Sie, wie man Salzzitronen herstellt.
youtu.be/VmRIGqeVBlk

VARIANTE: Falls Sie keine frischen scharfen, roten Chilischoten zur Hand haben, greifen Sie stattdessen zu getrockneten Chilis: Stiele entfernen, grob hacken, in eine mittelgroße Schüssel geben und mit kochendem Wasser überbrühen. Nach 1 Stunde abgießen und mit dem Rezept fortfahren.

DEM GESCHMACK AUF DER SPUR

- Salzzitronen (eingelegte Zitronen) sind eine Grundzutat der marokkanischen und überhaupt der nordafrikanischen Küche. Saucen, Eintöpfe und andere Gerichte erhalten dadurch eine ganz besondere Geschmackskomponente. Angeboten werden sie in Spezialitätengeschäften und besonders in nordafrikanisch-arabischen Lebensmittelläden. Sie können sie aber auch selbst einlegen.

- Zugegeben, Safran ist nicht ganz billig, bringt aber in jedes Gericht eine unvergleichliche Aromenfülle, und Sie brauchen nur eine Prise für eine große Wirkung. Kühl und trocken gelagert lässt er sich lange aufbewahren; eine Investition von ca. 8 Euro für 1 Gramm Safran kann problemlos fünf oder sechs Gerichte von gewöhnlich zu spektakulär erheben.

GERÖSTETE PAPRIKA : Paprika zu rösten, ist keine große Sache. Selbst ein Höhlenmensch kann das. Heizen Sie zunächst den Grill Ihres Backofens vor. Dann die Paprika vierteln, Samen und Scheidewände entfernen. Die Stücke auf einem mit Backpapier ausgelegten Blech verteilen, so nahe zusammen wie möglich, ohne dass sich die Stücke berühren.
Die Paprika grillen, bis sie fast schwarz werden. Dann rasch in eine fest verschließbare Schüssel geben. Nach 10 Minuten die Paprika unter kaltes Wasser halten, bis sich die Haut löst. Verkohlte Haut abziehen und wegwerfen. Die geröstete Paprika können nun nach Anweisung in allen möglichen Rezepten weiterverarbeitet werden. Übrig gebliebene Paprika lassen sich in einer dicht verschlossenen Dose im Kühlschrank aufbewahren; sie halten sich etwa 5 Tage lang.

Lernen Sie, wie man geröstete Paprika herstellt.
youtu.be/LZF9G6tNbdw

Tapenade hat das Zeug, zum pikanten Lieblingsrezept zu werden. Der Name verweist auf die wichtigste Zutat, nämlich Kapern: *tapenas* heißen sie im Provenzalischen. Diese aromatische Tapenade besteht aus grünen Oliven und ist ein toller Appetizer. Sie können sie auch als Imbiss, als ersten Gang oder zum Hauptgericht servieren.

Grüne Oliven-TAPENADE

ERGIBT 2 TASSEN

½ Tasse* **Pinienkerne**

1 Tasse entsteinte **Picholine-** oder andere **grüne Oliven** (siehe »Dem Geschmack auf der Spur«)

¾ Tasse **frische Petersilie**, gehackt

⅓ Tasse **Kapern**, gut abgespült

3 EL **natives Olivenöl extra**

3 **Knoblauchzehen**, gepresst

2 TL frischer **Thymian**, gehackt

¼ TL **Meersalz**

¼ TL **schwarzer Pfeffer** aus der Mühle

* Siehe Kochtipp der Redaktion S. 8.

Pinienkerne in eine kleine Schüssel geben und mit kochendem Wasser bedecken; eine Stunde lang ziehen lassen, dann das Wasser abgießen und die Pinienkerne gut abspülen.

In einen Mixer geben und die Oliven, Petersilie, Kapern, Öl, Knoblauch, Thymian, Salz und Pfeffer hinzufügen. Verrühren, bis eine fein gehackte, aber noch leicht stückige Masse entsteht. In eine kleine Schüssel füllen und bei Zimmertemperatur servieren.

Pro 2 EL: 56 Kalorien, 1 g Eiweiß, 6 g Fett (davon 1 g gesättigt), 1 g Kohlenhydrate, 109 mg Natrium, 21 mg Kalzium, 0 g Ballaststoffe

DEM GESCHMACK AUF DER SPUR

Wegen ihres vollmundigen, ausgeprägten Geschmacks und ihres festen und gleichermaßen zarten Fruchtfleisches werden für dieses Rezept bevorzugt Picholine-Oliven verwendet. Möchten Sie eine andere Olivensorte ausprobieren, achten Sie bei Ihrer Wahl auf das Zusammenspiel mit den übrigen Zutaten. Es muss keine französische Sorte sein; Oliven aus Castelvetrano/Sizilien oder von der griechischen Halbinsel Chalkidiki sind trotz ihres ganz anderen Charakters zwei ausgezeichnete Alternativen.

KAPITEL 5

Ran an die Töpfe

Suppen

Der unverwechselbare, etwas säuerliche Geschmack des Sauerampfers brilliert in cremigen Saucen und Suppen. Dass die Blätter ähnlich wie Spinat schmecken, ist bekannt, doch der Gesamteindruck zeigt sich zitronenähnlich und recht mild. Für diese Suppe wird der Sauerampfer roh verwendet, so behält er seine heilsamen Bestandteile. Ein perfekter Start in ein geschmackvolles Steinzeit-Menü.

Sauerampfer-SUPPE

ERGIBT 4 PORTIONEN

- 1 Tasse* rohe **Cashew-Kerne**
- 1 EL **natives Olivenöl extra**
- 2 **Schalotten**, fein gewürfelt
- 3 Tassen **Wasser** (falls nötig mehr)
- 1 **Gemüsebrühwürfel** (ohne Salz)
- ¼ TL **Meersalz**
- 4 Tassen **Sauerampferblätter**, zusammengedrückt (siehe »Dem Geschmack auf der Spur«)
- **Schwarzer Pfeffer** aus der Mühle
- 1 EL frischer **Schnittlauch**, zum Garnieren

* Siehe Kochtipp der Redaktion S. 8.

Cashew-Kerne in eine mittelgroße Schüssel geben und etwa 2,5 cm hoch mit kochendem Wasser bedecken. 1 Stunde ziehen lassen, dann abgießen und Cashew-Kerne abspülen.

Öl und Schalotten in einem mittelgroßen Topf bei mittlerer Hitze heiß werden lassen und unter ständigem Rühren so lange anbraten, bis die Schalotten goldbraun werden. Die Schalotten gleichmäßig auf dem Topfboden verteilen und die Hitze auf die niedrigste Stufe reduzieren. Topfdeckel aufsetzen und die Schalotten 20 Minuten schwitzen lassen. Gelegentlich kontrollieren, damit nichts anbrennt und gegebenenfalls 1 EL Wasser hinzugeben. Wasser hinzufügen, dann den Brühwürfel (oder die entsprechende Menge lose Gemüsebrühe) und das Salz. Auf hoher Stufe zum Kochen bringen.

Cashew-Kerne, Sauerampfer und Schalotten in einen Mixer geben und glatt pürieren. Durch ein Sieb in einen sauberen Topf drücken und bei mittlerer Hitze erwärmen, bis die Suppe heiß ist (etwa 5 Minuten). Mit einer Spur Pfeffer würzen und umrühren. Schnittlauch darüberstreuen und sofort servieren.

Pro Portion: 161 Kalorien, 5 g Eiweiß, 11 g Fett (davon 2 g gesättigt), 11 g Kohlenhydrate, 208 mg Natrium, 74 mg Kalzium, 4 g Ballaststoffe

DEM GESCHMACK AUF DER SPUR

Sauerampfer, in der französischen Küche hochgeschätzt, besitzt ein köstliches, an den Geschmack von Zitronen erinnerndes Aroma. Die zarten Blätter werden beim Kochen sehr weich; gewöhnlich werden sie, ob püriert oder roh, für Suppen und Saucen verwendet. Junge Blätter können auch Salate verfeinern.

Zwei Dinge sollten Sie über diese Suppe wisssen: Erstens, sie ist rasch und unkompliziert gemacht. Zweitens, Sie werden überrascht sein, wie köstlich und gesund sie ist. Weil der Grünkohl nicht mitgekocht, sondern roh gelassen wird, behält er seinen Nährstoffreichtum und verleiht der Suppe ihre strahlend smaragdgrüne Farbe. Sie werden sie lieben!

Grüne SUPPE

ERGIBT 4 PORTIONEN

1 EL **natives Olivenöl extra**

2 mittelgroße **Zwiebeln**, gewürfelt

1 kleiner **Chinakohl**, grob gehackt

4 Tassen* **Wasser**

2 **Gemüsebrühwürfel** (ohne Salz)

450 g tiefgefrorene **Erbsen**

2 Tassen grob gehackte **Grünkohlblätter** (Stängel und Blattrippen vor dem Hacken entfernen)

* Siehe Kochtipp der Redaktion S. 8.

Bei mittlerer Hitze in einen großen Topf zunächst das Öl, dann die Zwiebeln geben. Unter regelmäßigem Rühren so lange anbraten, bis die Zwiebeln weich zu werden beginnen (etwa 4 Minuten). Chinakohl hinzugeben und weiterrühren, bis er zusammenfällt. Wasser und Brühwürfel (oder die entsprechende Menge lose Gemüsebrühe) hinzufügen. Bei hoher Hitze zum Kochen bringen. Erbsen hinzugeben und nochmals aufkochen lassen. Dann bei mittlerer Hitze ohne Deckel köcheln lassen, bis die Erbsen zart, aber noch leuchtend grün sind (etwa 5 Minuten). Vom Herd nehmen und den Grünkohl unterrühren.

Nacheinander die Mischung in einem Mixer zu einer glatten Masse pürieren. Durch ein Sieb in einen sauberen Topf drücken. Nochmals heiß werden lassen und servieren.

Pro Portion: 205 Kalorien, 10 g Eiweiß, 6 g Fett (davon 2 g gesättigt), 31 g Kohlenhydrate, 234 mg Natrium, 167 mg Kalzium, 9 g Ballaststoffe

Spargel ist ein elegantes, nicht alltägliches Gemüse, reich an Vitamin K und anderen Vitaminen und Mineralstoffen. Es stellt außerdem eine ausgezeichnete Quelle für Inulin dar, ein natürlicher präbiotischer Ballaststoff, der die Dickdarmflora unterstützt. Und noch besser: Spargel ist eine Delikatesse!

Spargel-Lauch-SUPPE

ERGIBT 4 PORTIONEN

½ Tasse* rohe **Cashew-Kerne**

450 g **Spargel**

2 EL **natives Olivenöl extra**

1 mittelgroße **Lauchstange**, gewürfelt (siehe Info-Kasten)

2 Tassen **Wasser**

1 **Gemüsebrühwürfel** (ohne Salz)

1 **Knoblauchzehe**, geschält

½ TL **Meersalz**

Schwarzer oder weißer Pfeffer aus der Mühle

1 Prise gemahlener **Macis** (Muskatblüte) zum Garnieren (siehe »Dem Geschmack auf der Spur«)

* Siehe Kochtipp der Redaktion S. 8.

Cashew-Kerne in eine kleine Schüssel geben und etwa 2,5 cm hoch mit kochendem Wasser bedecken. 1 Stunde ziehen lassen, dann abgießen und Cashew-Kerne abspülen.

Spargel gut waschen und die holzigen Enden abschneiden. Vier dekorative Spargelspitzen abschneiden (jede etwa 5 cm lang) und längs in zwei Hälften teilen. Einen kleinen Topf zu etwa zwei Dritteln mit Wasser füllen, salzen und zum Kochen bringen. Die Spargelspitzen hinzugeben. Einmal umrühren, dann in ein Küchensieb abgießen. Unter fließendem kalten Wasser abkühlen und auf einem sauberen Küchenhandtuch zum Trocknen ausbreiten. Abdecken und zur Seite stellen. Den restlichen Spargel grob hacken.

Öl auf mittlerer Stufe in einem großen Topf heiß werden lassen. Lauch dazugeben und unter ständigem Rühren anbraten, bis der Lauch weich zu werden beginnt (etwa 3 Minuten). Den gehackten Spargel dazugeben und weiter unter ständigem Rühren anbraten (etwa 2 Minuten). Wasser hinzufügen, dann den Brühwürfel (oder die entsprechende Menge lose Gemüsebrühe), Knoblauch und Salz einrühren. Bei hoher Hitze zum Kochen bringen. Temperatur reduzieren und köcheln lassen, bis das Gemüse zart ist (etwa 10 Minuten). Vom Herd nehmen und leicht abkühlen lassen.

Cashew-Kerne und Spargelmischung in einen Mixer geben und glatt pürieren. Wieder zurück in den Topf geben; wenn gewünscht, vorher durch ein Sieb drücken. Suppe bei mittlerer Hitze erwärmen, bis sie heiß ist (etwa 5 Minuten). Mit Pfeffer würzen.

Suppe auf vier Schüsseln verteilen. Jeweils in die Mitte eine Spargelspitze mit der angeschnittenen Seite nach oben legen, darauf kreuzweise eine weitere mit der angeschnittenen Seite nach unten. Macis darüberstreuen und sofort servieren.

Pro Portion: 149 Kalorien, 4 g Eiweiß, 11 g Fett (davon 2 g gesättigt), 11 g Kohlenhydrate, 634 mg Natrium, 32 mg Kalzium, 3 g Ballaststoffe

DEM GESCHMACK AUF DER SPUR

Macis (Muskatblüte) bekommt man überall dort, wo man Gewürze kaufen kann. Es handelt sich allerdings nicht um die Blüte des Muskatnussbaums, sondern um den spitzenartigen, tiefroten Samenmantel der Muskatnuss, der getrocknet wird. Macis und Muskatnuss unterscheiden sich bemerkenswerterweise sowohl hinsichtlich ihres Geschmacks wie ihres Geruchs. Ein weiterer Unterschied: Macis wird nur gemahlen angeboten, wogegen Muskatnuss ganz oder gemahlen erhältlich ist. Doch nur frisch gerieben entfaltet sich der ganze Muskatnussduft.

Macis ergänzt wunderbar Spargel, Lauch und Kartoffeln und sollte sparsam verwendet werden – nur ein wenig davon hat bereits eine große Wirkung. Das Gewürz ist preiswert, und luftdicht verschlossen behält es sein Aroma für einen längeren Zeitraum.

BLITZSAUBERE LAUCHSTANGEN: Zwischen den Blättern der Lauchstange sammeln sich oft Erdkrümel und Sandkörnchen; man sollte dieses Gemüse also gut waschen. Das ist meine Methode: Ich schneide die Stange längs in zwei Hälften, lasse das Wurzelende allerdings intakt, und säubere sie gründlich unter fließendem Wasser. Erst dann schneide ich das Ende ab.

Wie alle Kürbisse, ist auch der als »Pumpkin« oder umgangssprachlich »Halloweenkürbis« bekannte Winterkürbis genauso nährstoffreich wie köstlich. In dieser Suppe gesellen sich ihm ein paar hochkarätige Aromen zu, die jedoch den Geschmack nicht dominieren, sondern zwischendurch aufblitzen wie die Sterne an einem steinzeitlichen Himmel.

Curry-Kürbis-SUPPE

ERGIBT 8 PORTIONEN

3 EL **kaltgepresstes Kokosöl**

5 Tassen* **Zwiebeln**, gewürfelt

1½ Tassen **grüne Gemüsepaprika**, gewürfelt

½ TL **Meersalz** (falls gewünscht mehr)

14 Tassen **Kürbis** (orangefleischig), geschält und gewürfelt

12 **Knoblauchzehen**, sehr fein gehackt oder gepresst

2 EL **Currypulver**

12 Tassen **Wasser**

3 **Gemüsebrühwürfel** (ohne Salz)

2 TL grob zerdrückte **Kardamomsamen**

1 Tasse grob gehacktes frisches **Koriandergrün**

Saft von 1 **Zitrone** (unbehandelt) **oder Limette** (optional)

* Siehe Kochtipp der Redaktion S. 8.

Bei mittlerer Hitze in einen großen Topf zunächst das Öl geben. Sobald es schmilzt, die Zwiebeln dazugeben. Unter regelmäßigem Rühren so lange anbraten, bis die Zwiebeln zu bräunen beginnen (etwa 10 Minuten). Gemüsepaprika und Salz dazugeben, weiterrühren, bis die Paprika anfangen, weich zu werden. Kürbis und Knoblauch dazugeben und unter Rühren etwa 2 Minuten kochen lassen. Currypulver hinzufügen und gut einrühren, bis es sich gut verteilt hat. Wasser und Brühwürfel (oder die entsprechende Menge lose Gemüsebrühe) hinzufügen. Bei hoher Hitze zum Kochen bringen. Dann bei mittlerer Hitze ohne Deckel köcheln lassen, bis das Gemüse weich ist (etwa 20 Minuten). Kardamom und Koriandergrün dazugeben und noch 1 Minute kochen lassen.

Vom Herd nehmen und, falls gewünscht, den Zitronensaft einrühren. Sofort servieren.

Pro Portion: 208 Kalorien, 2 g Eiweiß, 6 g Fett (davon 6 g gesättigt), 14 g Kohlenhydrate, 242 mg Natrium, 25 mg Kalzium, 1 g Ballaststoffe

KAPITEL 6

Ran an die Schüsseln

Salate

Löwenzahnblätter gehören zu den gesündesten Lebensmitteln überhaupt. Wie alles bittere Grünzeug haben sie eine enorme blutreinigende Wirkung, und zusammen mit Roter Bete, wie in diesem Rezept, unterstützen sie die Entgiftung der Leber. Zudem schmeichelt diese Kombination dem Gaumen, denn die Süße der Roten Bete hält den bitteren Geschmack der Löwenzahnblätter in Schach. Paranüsse bringen Eiweiß, Selen und Biss in die Mischung. Gesund und genussreich!

Löwenzahnsalat MIT ROTER BETE

Siehe Abbildung Seite 69

ERGIBT 4 PORTIONEN

1 großer Bund ganz frischer **Löwenzahn** (etwa 6 Tassen geschnittene Blätter)

2 Tassen* geraspelte **Rote Bete**

½ Tasse geraspelte **Möhre**

½ Tasse **rote Zwiebel** in dünnen Scheiben

½ Tasse **Staudensellerie** (mit Blättern) in dünnen Scheiben

⅓ Tasse frisch gepresster **Mandarinensaft**

2 EL weißer **Balsamico oder Champagneressig**

2 TL **Dijonsenf**

¼ TL **Meersalz**

¼ TL **gemischter Pfeffer** (schwarzer, weißer, grüner und rosa) **oder nur schwarzer Pfeffer** aus der Mühle

¼ Tasse **Walnussöl oder natives Olivenöl extra**

½ Tasse **Paranüsse**, jeweils geviertelt

* Siehe Kochtipp der Redaktion S. 8.

Den Löwenzahnbund intakt lassen, am Stielende unter fließendes Wasser halten und gut waschen. Etwaige faulige Stellen entfernen, dann auf einem Schneidebrett den Strunk entfernen, die Blätter und die zarten Stiele kreuzweise im Abstand von ca. 2,5 cm schneiden. Trockenschleudern oder mit einem sauberen Küchenhandtuch trockentupfen. Die Blätter in einer großen Schüssel mit Roter Bete, Möhre, Zwiebel und Sellerie gut vermengen.

Für das Dressing Mandarinensaft, Essig, Senf, Salz und Pfeffer in einer mittelgroßen Schüssel mit einem Schneebesen verquirlen. Öl in einem dünnen Strahl und unter ständigem Rühren hinzugeben, bis sich alle Zutaten miteinander verbunden haben. Über den Salat geben und gründlich unterrühren.

Salat auf vier Schalen verteilen, die Paranüsse darübergeben und sofort servieren.

Pro Portion: 383 Kalorien, 7 g Eiweiß, 30 g Fett (davon 4 g gesättigt), 27 g Kohlenhydrate, 278 mg Natrium, 171 mg Kalzium, 6 g Ballaststoffe

Die essbare Knolle Topinambur ist auch unter dem Namen Jerusalem-Artischocke bekannt, steht allerdings weder mit Artischocken noch mit Jerusalem in näherer Beziehung. Tatsächlich handelt es sich dabei um die Wurzeln der gleichnamigen Pflanze, die eng mit der Sonnenblume verwandt ist und ähnlich leuchtend gelb blüht. Passenderweise gesellen sich auch einige Sonnenblumenzutaten dazu: Kerne, Sprossen und Öl. Falls Sie kein kaltgepresstes, unraffiniertes Sonnenblumenöl finden können, greifen Sie alternativ zu einem hochwertigen extra nativen Olivenöl.

Topinambur-SALAT

ERGIBT 4 PORTIONEN

2 EL **Sherryessig**

2 TL **Dijonsenf**

¼ TL **Meersalz**

¼ TL **schwarzer Pfeffer** aus der Mühle

¼ Tasse* kaltgepresstes **Sonnenblumenöl oder natives Olivenöl extra**

6 Tassen **gemischte junge**, **zarte Gemüsekohlblätter** (z.B. Wildkohl, Weißkohl) bzw. Blattgemüse (z.B. Mangold, Spinat)

230 g **Topinambur**, geschält und in dünne Scheiben geschnitten (siehe »Dem Geschmack auf der Spur«)

2 reife, aber feste **Avocados**, längs halbiert und quer in ca. 0,5 cm dicke Scheiben geschnitten

2 Tassen **Sonnenblumensprossen**

⅓ Tasse rohe **Sonnenblumenkerne**

* Siehe Kochtipp der Redaktion S. 8.

Für das Dressing den Essig, Senf, Salz und Pfeffer in einer mittelgroßen Schüssel mit einem Schneebesen verquirlen. Öl in einem dünnen Strahl und unter ständigem Rühren hinzugeben, bis sich alle Zutaten miteinander verbunden haben.

Blattgemüse bzw. Gemüsekohlblätter und Topinambur in einer großen Schüssel gut vermengen. Dressing hinzugeben und noch einmal durchrühren. Avocadoscheiben hinzufügen und behutsam unterrühren, damit sie intakt bleiben.

Salat auf vier Schalen verteilen. Auf jede Portion zuerst Sprossen, dann Sonnenblumenkerne geben und sofort servieren.

Pro Portion: 376 Kalorien, 6 g Eiweiß, 34 g Fett (davon 4 g gesättigt), 15 g Kohlenhydrate, 259 mg Natrium, 53 mg Kalzium, 9 g Ballaststoffe

DEM GESCHMACK AUF DER SPUR

Topinambur (selten auch Jerusalem-Artischocke) bezeichnet nicht nur die essbare Wurzelknolle, sondern auch die ganze Pflanze, die zur Gattung der Sonnenblumen gehört. Das Aussehen der Knollen erinnert an Ingwer. Gekocht ähnelt ihre Konsistenz Kartoffeln, denen sie aber geschmacklich weit überlegen sind.

Einst gab es Tausende von Tomatensorten in allen erdenklichen Geschmacksrichtungen, Konsistenzen, Farben, Formen und Größen. Alte, samenfeste Sorten (auch unter der englischen Bezeichnung *heirloom tomatoes* bekannt) sind entfernte Abkömmlinge dieser ursprünglichen Arten, und es sollte unser aller Anliegen sein, mitzuhelfen, dass diese Schätze verfügbar bleiben. Die beste Art, dazu einen Beitrag zu leisten, ist es, sie anzubauen, zu kaufen, zu essen und sie bei jeder sich bietenden Gelegenheit anzupreisen. Dieser Salat ist eine der vielen Möglichkeiten, ihr herausragendes Aroma zu genießen.

Tomatensalat MIT BRUNNENKRESSE

ERGIBT 4 PORTIONEN

- 1 Tasse* frische **Basilikumblätter**, zusammengedrückt
- ½ Tasse **natives Olivenöl extra**
- 2 EL **Aceto balsamico** tradizionale
- ¼ TL **Meersalz**, etwas mehr zum Drüberstreuen
- ¼ TL **schwarzer Pfeffer** aus der Mühle
- 6 Tassen **Brunnenkresse** (in fließendem Gewässer gewachsen), nur die Blätter (siehe »Dem Geschmack auf der Spur«)
- ½ Tasse **rote Zwiebeln**, in dünnen Scheiben
- 3 große **Tomaten** einer alten, samenfesten Sorte, in ca. 0,5 cm dicken Scheiben

* Siehe Kochtipp der Redaktion S. 8.

Eine mittelgroße Kasserolle zu ca. zwei Dritteln mit Wasser füllen und bei großer Hitze aufkochen lassen. Basilikum dazugeben und einmal umrühren. In ein großes Sieb abgießen und sofort unter kaltem Wasser abspülen. Basilikum kräftig ausdrücken, damit es so viel Wasser wie möglich verliert, und Blätter in einen Mixer geben. Öl hinzufügen und pürieren, bis die Mischung glatt und leuchtend grün ist (etwa 2 Minuten). Die Mischung in ein Glas geben und ca. 1 Stunde stehen lassen, damit sich die festen Teilchen absetzen können. Das Basilikumöl danach ohne es zu schütteln oder umzurühren durch ein feinmaschiges Sieb in eine kleine Schüssel geben. Den zurückbleibenden Rest für eine spätere Verwendung aufheben (siehe »Dem Geschmack auf der Spur«).

Essig, Salz und die Hälfte des Pfeffers in einer großen Schüssel mit einem Schneebesen verquirlen. 3 EL Basilikumöl hinzufügen und so lange rühren, bis sich alle Zutaten miteinander verbunden haben. Brunnenkresse und Zwiebel hinzugeben und gründlich durchmischen.

Brunnenkressemischung auf vier große Teller verteilen, jede Portion auf einer Tellerseite arrangieren. Tomaten so auf die Teller aufteilen, dass sie sich jeweils leicht überlappen. Ein wenig Basilikumöl über die Tomaten träufeln, dann mit Pfeffer und Salz bestreuen. Sofort servieren.

Pro Portion: 281 Kalorien, 3 g Eiweiß, 27 g Fett (davon 4 g gesättigt), 10 g Kohlenhydrate, 176 mg Natrium, 84 mg Kalzium, 2 g Ballaststoffe

DEM GESCHMACK AUF DER SPUR

- Die festen Teilchen des Basilikumöls nicht wegwerfen. Gut bedeckt halten sie sich im Kühlschrank bis zu 3 Tagen. Verwenden Sie sie für Suppen oder andere Gerichte, denen das Basilikumaroma zusätzlichen Glanz verleiht.
- Für dieses Rezept wird nicht alles Basilikumöl benötigt, heben Sie den Rest auf. Gut verschlossen in einer Flasche oder einem Einmachglas hält es sich bis zu 1 Woche im Kühlschrank oder so ziemlich unbegrenzt im Tiefkühlfach (siehe Info-Kasten).
- Die echte Brunnenkresse hat einen hohen Stängel mit in der Regel zwei bis vier tiefgrünen, gefiederten Blattpaaren. Der Anbau in fließendem Gewässer hat den Vorteil, dass keine Pestizide nötig sind.

ÖL ZUR LÄNGEREN AUFBEWAHRUNG EINFRIEREN: Beim Einfrieren zieht sich Öl zusammen, es besteht also keine Gefahr, dass die Flasche zerspringen könnte. Bei Bedarf stellen Sie die Flasche kurz in eine Schüssel mit warmem Wasser, bis das Öl aufzutauen beginnt. So viel wie nötig entnehmen, dann die Flasche unverzüglich in das Tiefkühlfach zurücklegen.

Ganz junges Grünzeug, Babygemüse genannt, vereint auf wunderbare Weise alles das, was so großartig an pflanzlicher Nahrung ist. Die kleinen, zarten Gewächse präsentieren eine unglaubliche Geschmacksfülle und enthalten eine Vielzahl gesundheitsfördernder sekundärer Pflanzenstoffe. In diesem Rezept werden sonnenverliebte Kohlblätter in idealer Weise von einem erdigen Pilzaroma begleitet. Dieser Salat verbindet das Beste, was die Erde zu bieten hat – ob ober- oder unterirdisch gewachsen.

Junger Grünkohlsalat MIT GESCHMORTEN PILZEN

ERGIBT 4 PORTIONEN

- 3 EL **natives Olivenöl extra**
- 1 kleine **rote Zwiebel**, längs in dünne Ringe geschnitten
- 230 g große **weiße oder braune Champignons**, geviertelt
- ¼ Tasse* **Aceto balsamico** tradizionale
- ½ TL **Meersalz**
- ¼ TL **gemischter Pfeffer** (schwarzer, weißer, grüner und rosa) **oder nur schwarzer Pfeffer** aus der Mühle
- 1 EL frisch gepresster **Zitronensaft**
- 2 TL **Dijon-Senf**
- 2 EL **Leinöl oder zusätzliches natives Olivenöl extra**
- 230 g **junge Grünkohlblätter**, ohne mittlere Blattrippen

* Siehe Kochtipp der Redaktion S. 8.

1 EL Olivenöl in einer großen Kasserolle auf mittlerer Stufe heiß werden lassen. Zwiebel dazugeben und unter regelmäßigem Rühren anbraten, bis sie weich zu werden beginnt (etwa 2 Minuten). Pilze hinzugeben, einmal umrühren und gut bedeckt köcheln lassen, bis sie anfangen, Flüssigkeit abzugeben (etwa 2 Minuten). Deckel abnehmen und unter gelegentlichem Umrühren einkochen, bis die Pilzflüssigkeit verdampft ist und die Pilze beginnen braun zu werden (etwa 2 bis 3 Minuten). 2 EL Essig und die Hälfte des Salzes und des Pfeffers hinzufügen und gut durchrühren. Temperatur reduzieren und unter gelegentlichem Umrühren weiterköcheln lassen, bis die Flüssigkeit leicht einzudicken beginnt (etwa 3 Minuten). Vom Herd nehmen.

Während die Pilze vor sich hin köcheln, das Dressing zubereiten. Die übrigen 2 EL Öl, Zitronensaft, Senf und das restliche Salz und Pfeffer in eine mittelgroße Schüssel geben. Leinöl in einem dünnen Strahl und unter ständigem Rühren hinzugeben, bis sich alle Zutaten miteinander verbunden haben. Grünkohl in einer großen Schüssel mit dem Dressing übergießen und gründlich durchrühren, bis es sich gleichmäßig verteilt hat. Pilzmischung hinzufügen und noch einmal durchrühren.

Salat auf vier Teller verteilen und sofort servieren.

Pro Portion: 233 Kalorien, 5 g Eiweiß, 18 g Fett (davon 2 g gesättigt), 16 g Kohlenhydrate, 371 mg Natrium, 130 mg Kalzium, 2 g Ballaststoffe

DEM GESCHMACK AUF DER SPUR

Statten Sie ihr Gewürzregal mit einem kleinen Vorrat gemischter Pfefferkörner aus (schwarz, weiß, grün und rosa); es gibt auch fertige Mischungen zu kaufen. Die verschiedenen Pfeffersorten besitzen je einzigartige Vorzüge, zusammen versetzen sie die Geschmacksknospen in eine Ekstase, wie es schwarzer Pfeffer allein nicht schafft. Wenngleich dieses komplexe Aroma nicht zu allen Gerichten passt, verleiht es unserem Salat den gewissen Pep.

Nicht allen Leuten, die mit Rosenkohl ihre Probleme haben, ist bewusst, dass ihre Abneigung oft mit dem Koch zusammenhängt – zumal wenn er ohne kulinarisches Feingefühl die köstlichen Röschen durch Zerkochen ruiniert. Dieser einfache Salat wird auch die Zweifler dazu bringen, den wunderbaren, gesunden Kreuzblütler zu lieben. Allerdings werden Ihre Gäste, wenn Sie es ihnen vorher nicht verraten, vielleicht nicht einmal wissen, dass sie gerade Rosenkohl verputzen.

SCHNELLER **Rosenkohlsalat**

ERGIBT 4 PORTIONEN

450 g **Rosenkohl**

1 **Fenchelknolle**, längs halbiert, ohne Strunk, in dünnen Scheiben

1 **Apfel**, **Sorte Granny Smith**, in Stücken

3 EL **Shiro Miso** (weiße Misopaste)

2 EL geschälter, frisch geriebener **Ingwer**

2 EL **Leinöl**

Geriebene Schale von 2 **Zitronen** (unbehandelt)

2 EL frisch gepresster **Zitronensaft**

Vom Rosenkohl alle trockenen oder verfärbten äußeren Blätter entfernen und wegwerfen, die festen Strunkenden abschneiden. Röschen halbieren und mit Fenchel, Apfel, Misopaste, Ingwer, Öl und geriebener Zitronenschale in eine Küchenmaschine geben. Nur ein paar Sekunden klein hacken, zwischendurch anhalten und die Masse von den Mixerwänden hinunterschaben, Zitronensaft hinzufügen.

Salat auf vier Schalen verteilen und sofort servieren.

Pro Portion: 164 Kalorien, 5 g Eiweiß, 7 g Fett (davon 1 g gesättigt), 21 g Kohlenhydrate, 325 mg Natrium, 81 mg Kalzium, 6 g Ballaststoffe

Falls Sie braunen Senf (auch als Chinesischer Senf bekannt) noch nicht kennen, wird dieses Gericht ein besonderes Erlebnis für Sie werden. Außerdem bleibt eine Menge selbstgemachter Brombeeressig übrig, den Sie für andere kulinarische Abenteuer zum Einsatz bringen können. Brauner Senf besitzt einen leicht scharfwürzigen Geschmack und eine ungewöhnliche Konsistenz. Anteil an dem exotischen Gesamteindruck der Vinaigrette hat neben dem Senf der Ingwer ebenso wie die verschiedenen Pfeffer. Der buttrige Biss der Macadamianüsse rundet den Geschmack ab.

Brauner Senf MIT INGWER-BROMBEER-VINAIGRETTE

ERGIBT 4 PORTIONEN

1 Tasse* frische oder tiefgefrorene **Brombeeren**

¾ Tasse **Kokos- oder Weißweinessig**

1 Stück frischer **Ingwer**, geschält (ca. 5 cm)

¼ TL **Meersalz**

¼ TL **schwarzer Pfeffer** aus der Mühle

¼ Tasse Walnussöl

1 großer Bund frischer **brauner Senf** (nur Blätter; ca. 12 Tassen)

1 EL **rosa Pfefferkörner**, leicht zerstoßen (optional; siehe »Dem Geschmack auf der Spur«)

1 Tasse grob gehackte rohe **Macadamianüsse** zum Garnieren

* Siehe Kochtipp der Redaktion S. 8.

Für den Brombeeressig die Brombeeren in eine kleine Kasserolle geben (sie sollte unempfindlich gegenüber Fruchtsaft sein wie rostfreier Edelstahl, Glas oder emailliertes Gusseisen) und mit einem Kartoffelstampfer oder Silikonspatel leicht zerstoßen. Essig einrühren und bei mittlerer Hitze zum Köcheln bringen. Vom Herd nehmen und abkühlen lassen. In einen Mixer geben und so lange pürieren, bis die Früchte zerhackt, die meisten Kerne aber noch erkennbar sind. Die Kerne sollten nicht püriert werfen, da der Essig sonst bitter wird. Masse durch ein Sieb in ein Glas abschütten und sich setzen lassen, mindestens für 20 Minuten oder besser für 24 Stunden. Durch ein Mulltuch oder ein äußerst feinmaschiges Sieb gießen und in ein Einmachglas oder eine Flasche füllen, dabei aufpassen, dass der Schaum komplett zurückbleibt. Gut verschlossen hält sich der Brombeeressig ewig.

Ingwer in so dünne Scheiben wie möglich schneiden. Die Scheibchen aufeinanderlegen und in kleine, dünne Stifte schneiden.

Für die Vinaigrette ¼ Tasse Brombeeressig in einer mittelgroßen Schüssel mit dem Ingwer, Salz und Pfeffer mit dem Schneebesen mixen. Mischung für 10 Minuten ruhen lassen, damit sich die Aromen entfalten können. Öl in einem dünnen Strahl und unter ständigem Rühren hinzugeben, bis sich alle Zutaten miteinander verbunden haben.

Senfblätter in eine große Schüssel geben, dazu die Vinaigrette, Ingwer und optional die rosa Pfefferkörner. Gründlich miteinander vermischen.

Salat auf vier Teller verteilen und mit den Macadamianüssen garnieren. Sofort servieren.

Pro Portion: 420 Kalorien, 8 g Eiweiß, 40 g Fett (davon 5 g gesättigt), 16 g Kohlenhydrate, 191 mg Natrium, 212 mg Kalzium, 16 g Ballaststoffe

DEM GESCHMACK AUF DER SPUR

Rosa Pfefferkörner bringen eine exotische, beinahe blumige Note in jedes Gericht. Wie alle nicht zerstoßenen oder gemahlenen Gewürze behalten sie jahrelang ihr Aroma, sie sollten aber in einem luftdicht verschlossenen Vorratsglas aufbewahrt werden.

Reife Mangos gehören zu den verführerischsten Früchten überhaupt, gleich hinter reifen Feigen, aber grüne Mangos haben ihr ganz eigenes Potenzial. In Südostasien werden sie für herrliche Salate und Chutneys verwendet. Wenn Sie bisher noch keine grünen Mangos gegessen haben, zögern Sie nicht zu lange, es wird sich lohnen.

Grüner MANGOSALAT

ERGIBT 4 PORTIONEN

1 große **grüne Mango**

3 Tassen* **Chinakohl**, in schmalen Streifen

1 **rote Gemüsepaprika**, in schmalen Streifen

230 g **Mungobohnensprossen**

8 **Frühlingszwiebeln**, diagonal in dünne Scheiben geschnitten

¼ Tasse **Shiro Miso** (weiße Misopaste)

¼ Tasse frisch gepresster **Limettensaft**

1 EL geschälter, frisch geriebener **Ingwer**

1 frische **rote oder grüne Chilischote**, fein gewürfelt

¼ Tasse **Leinöl** (optional)

Geriebene Schale von 2 **Limetten**

½ Tasse grob gehacktes frisches **Koriandergrün**

* Siehe Kochtipp der Redaktion S. 8.

Mango schälen und zu beiden Seiten des Kerns in zwei Hälften teilen. Fruchtfleisch kreuzweise in dünne Scheiben schneiden und in eine große Schüssel geben. Chinakohl, Gemüsepaprika, Mungobohnensprossen und Frühlingszwiebeln hinzufügen und gründlich vermengen.

Für das Dressing Misopaste, Limettensaft, Ingwer, Chili, Öl (optional) und Limettenschale in einer mittelgroßen Schüssel gut miteinander verquirlen.

Das Dressing und die Hälfte des Koriandergrüns über das Gemüse geben und mengen. Salat auf vier Teller verteilen und mit dem restlichen Koriandergrün garnieren. Sofort servieren.

Pro Portion: 116 Kalorien, 4 g Eiweiß, 1 g Fett (davon 0 g gesättigt), 24 g Kohlenhydrate, 797 mg Natrium, 76 mg Kalzium, 5 g Ballaststoffe

Löwenzahnsalat mit Roter Bete, *Seite 60*

Grünkohl mit Paprika, *Seite 114*

Sie kennen Artischocken bisher höchstwahrscheinlich gedünstet oder gekocht und dann mit einem Töpfchen geschmolzener Butter serviert, um die Blätter zu tunken. Doch es gibt viele Zubereitungsarten für dieses Gemüse, man kann es auch roh genießen. Mit diesem Salat als Starter tun Sie ihrer Verdauung etwas Gutes, denn die Artischocken treffen auf bitteren Salat und süßlichen Fenchel, die beide als verdauungsfördernd gelten.

SALAT AUS roher Artischocke, Chicorée, Radicchio, Fenchel

ERGIBT 4 PORTIONEN

- 1 **Zitrone** (unbehandelt), halbiert
- 2 lassen* **Wasser**
- 2 große **Artischocken**
- 3 EL **Aceto balsamico** tradizionale
- 1 EL frisch gepresster **Zitronensaft**
- 1 EL **Dijon-Senf**
- ½ TL **Meersalz**
- ¼ TL **schwarzer Pfeffer** aus der Mühle
- 5 EL **natives Olivenöl extra**
- 3 **Chicorée**, längs in ca. 0,5 cm breite Streifen geschnitten
- 1 **Radicchio**, halbiert und in ca. 0,5 cm breite Streifen geschnitten
- 1 große **Fenchelknolle**, längs halbiert, ohne Strunk, in dünnen Scheiben
- ½ kleine **rote Zwiebel**, längs in dünne Scheiben geschnitten
- 2 EL gehackte frische **Petersilie**

* Siehe Kochtipp der Redaktion S. 8.

Sehen Sie, wie man eine Artischocke vorbereitet.
youtu.be/bTvhOyDFVmQ

Zitrone auspressen und den Saft durch ein feinmaschiges Sieb in eine mittelgroße Schüssel geben, Schalen aufheben. Wasser zu dem Zitronensaft geben.

Wir brauchen für diesen Salat nur das Artischockenherz, dafür entfernen Sie die unteren dunklen Blätter vom Stiel bis zur Mitte, bis die hellen, zarten inneren Blätter freiliegen. Die Spitze der Artischocke abschneiden (etwa ⅔) und den Stiel entfernen, mit einem Messer das dunkelgrüne Äußere komplett entfernen, das Heu mit einem Teelöffel auskratzten und das Artischockenherz mit der Zitrone einreiben, um eine Verfärbung zu verhindern. Das Artischockenherz in das Zitronenwasser legen. Genauso mit der anderen Artischocke verfahren.

Artischockenherzen abgießen und mit einem sauberen Küchenhandtuch abtrocknen. In dünne Scheiben schneiden und zum Dressing geben, ebenso Chicorée, Radicchio, Fenchel, Zwiebel und 1 EL Petersilie. Behutsam, aber gründlich durchrühren.

Salat auf vier Teller verteilen und mit der restlichen Petersilie garnieren. Sofort servieren.

Pro Portion: 309 Kalorien, 8 g Eiweiß, 19 g Fett (davon 3 g gesättigt), 37 g Kohlenhydrate, 535 mg Natrium, 267 mg Kalzium, 20 g Ballaststoffe

Rucola oder Rauke schmeckt leicht bitter und scharf, was die Kombination mit Grapefruit, besonders einer Grapefruit-Jus, so interessant macht, denn durch das Reduzieren verliert die Frucht viel von ihrer Säure und Bitterkeit. Die gerösteten Haselnüsse fügen eine starke Hintergrundnote hinzu, und ebenso eine tolle Knusprigkeit.

Junger Rucolasalat MIT GRAPEFRUIT-JUS UND HASELNÜSSEN

ERGIBT 4 PORTIONEN

- 2 Tassen* frisch gepresster **Grapefruitsaft (rosé)**, gesiebt
- 4 entsteinte **Medjoul-Datteln**, fein gewürfelt
- 1 **mittelgroße Schalotte**, fein gewürfelt (ca. 2 EL)
- 230 g **junge, zarte Rucola**
- ¼ TL **schwarzer Pfeffer** aus der Mühle
- 2 **Grapefruits rosé**, in Segmente geteilt
- 1 Tasse **Haselnüsse**, geröstet, geschält und halbiert (siehe Info-Kasten)

* Siehe Kochtipp der Redaktion S. 8.

Grapefruitsaft in eine kleine Kasserolle geben, die unempfindlich gegenüber Zitrussaft ist (etwa aus rostfreiem Edelstahl, Glas oder emailliertem Gusseisen). Datteln und Schalotte hinzufügen und bei mittlerer Hitze zum Köcheln bringen. Unter gelegentlichem Rühren köcheln lassen, bis der Saft auf ca. ½ Tasse reduziert ist (etwa 10 Minuten). Vom Herd nehmen und vollständig abkühlen lassen.

Rucola in eine große Schüssel geben, Grapefruit-Jus darübergießen und pfeffern. Gründlich vermischen.

Salat auf vier Teller verteilen, jeweils zu einem kleinen Rucolahaufen geschichtet. Mit den Grapefruitsegmenten und Haselnüssen garnieren. Sofort servieren.

Pro Portion: 339 Kalorien, 8 g Eiweiß, 17 g Fett (davon 1 g gesättigt), 44 g Kohlenhydrate, 11 mg Natrium, 158 mg Kalzium, 6 g Ballaststoffe

GERÖSTETE UND GESCHÄLTE HASELNÜSSE: Backofen auf 175 °C vorheizen. Ganze Haselnüsse in einer Lage auf einem Backblech verteilen und ca. 7 Minuten rösten. Wenn die Haut Blasen bildet und der Kern sichtbar und leicht braun wird, die Nüsse aus dem Ofen nehmen. Ist das nicht der Fall oder sind die Kerne nur leicht golden, für weitere 3 Minuten backen und zwischendurch den Bräunungsgrad kontrollieren.

Unverzüglich die Nüsse aus dem Backofen nehmen und in der Mitte eines sauberen Küchenhandtuchs platzieren. Das Tuch an allen vier Enden greifen und über den Nüssen zusammenfalten und die Nüsse dicht aneinander liegend einhüllen. Vorsichtig umdrehen, so dass die Tuchzipfel unter dem Nusspäckchen sind. Nüsse in ihrer eigenen Wärme 10 Minuten lang schwitzen lassen.

Im geschlossenen Tuch 1 bis 2 Minuten die Nüsse kräftig aneinander reiben bis sich die meisten, wenn nicht sogar alle Häutchen abgelöst haben.

Behutsam umdrehen und das Tuch aufschlagen. Eine Handvoll Nüsse herausnehmen und durch die leicht geöffneten Finger rieseln lassen, um so die letzten Reste der Haut zu entfernen. Die sauberen Nüsse in eine mittelgroße Schüssel füllen und die abgerubbelten Häutchen wegwerfen. Mit den übrigen Nüssen ebenso verfahren.

Sehen Sie, wie man Haselnüsse röstet und enthäutet.
youtu.be/PZdCSbRqzp8

Das Erfolgsgeheimnis dieses Salats liegt zum großen Teil in der Verwendung sehr frischer – möglichst pflückfrischer – und butterzarter Blätter. Nicht, dass der Salat mit älteren und weniger buttrigen Blättern schlechter schmecken würde, aber sich gezielt um die besten Zutaten zu bemühen, wird das kulinarische Erlebnis immer aufwerten. Dieser Salat liefert den Beweis: Der Biss, den die roten Paprika und die Minigurken liefern, ist der perfekte Kontrapunkt zu den weichen Mangoldblättern, die gleichwohl den Gesamteindruck bestimmen.

Mangold-Paprika-Gurke-SALAT

ERGIBT 4 PORTIONEN

8 große frische **Basilikumblätter**, in kleine Stücke gezupft

2 EL **weißer Balsamico oder Champagneressig**

1 großer Bund sehr frischer **Mangold** (etwa 4 Tassen geschnittene Blätter)

2 **rote Gemüsepaprika**

4 **Minisalatgurken**, in ca. 0,5 cm dicken Scheiben geschnitten

½ **rote Zwiebel**, in dünnen Ringen

⅓ Tasse* frisch gepresster **Minneolasaft** (Minneola ist eine Kreuzung aus Grapefruit und Mandarine)

2 TL **Dijon-Senf**

¼ TL **Meersalz**

¼ TL **schwarzer Pfeffer** aus der Mühle

¼ Tasse **Walnussöl oder natives Olivenöl extra**

* Siehe Kochtipp der Redaktion S. 8.

Basilikum in einer mittelgroßen Schüssel mit der Rückseite eines Holzlöffels oder einem Cocktail-Stößel (siehe Paläo-Tipp) grob zerstoßen. Essig dazugeben und eine Minute lang stampfen, dann zur Seite stellen.

Mittelrippen des Mangolds herausschneiden, Blätter aufeinanderlegen und quer in ca. 1,5 cm breite Streifen schneiden. Gemüsepaprika der Länge nach vierteln, Samen und Scheidewände entfernen, dann quer in Streifen schneiden. Mangold, Paprika, Gurkenscheiben und Zwiebel in einer großen Schüssel gut vermischen.

Für das Dressing das Basilikum aus dem Essig holen und wegwerfen. Minneolasaft, Senf, Salz und Pfeffer zum Essig geben und mit einem Schneebesen verquirlen. Öl in einem dünnen Strahl und unter ständigem Rühren hinzugeben, bis sich alle Zutaten miteinander verbunden haben. Dressing über den Salat gießen und gründlich durchrühren.

Salat auf vier Schalen verteilen und sofort servieren.

Pro Portion: 195 Kalorien, 2 g Eiweiß, 15 g Fett (davon 1 g gesättigt), 8 g Kohlenhydrate, 270 mg Natrium, 28 mg Kalzium, 2 g Ballaststoffe

PALÄO-TIPP

Cocktail-Stößel aus Hartholz oder Metall dienen zum Zerstoßen frischer Zutaten in Drinks, z.B. der Limette im Caipirinha. Eine Besonderheit gegenüber normalen Stößeln, etwa für Mörser, ist ihre geriffelte Reibefläche, die frische Zutaten wie Ingwer oder Minzblätter nicht nur zerstampft, sondern auch zerreißt, wodurch die Aromenstoffe freigesetzt werden.

Ah, Brunnenkresse ... Ihre beinahe ätherisch-samtigen Blätter sind eine Augenweide und auch sonst einfach unwiderstehlich. Begleitet von duftendem Fenchel und süß-saurem Apfel ist die leicht pfefferige und herbe Brunnenkresse eine Offenbarung. Apfelessig wird gemeinhin besonders wegen seiner gesundheitsfördernden Eigenschaften geschätzt, doch hier ist er fast nur ein Garant für guten Geschmack.

Brunnenkresse-Fenchel-Apfel-SALAT

ERGIBT 4 PORTIONEN

2 Bund **Brunnenkresse** oder im Topf (in fließendem Gewässer gewachsen), nur die Blätter und die zarten Stängel (siehe »Dem Geschmack auf der Spur«, Seite 63)

1 **Fenchelknolle**, längs halbiert, ohne Strunk, in dünnen Scheiben

1 kleiner **Apfel**, **Winesap oder eine andere süß-säuerliche Sorte**, längs in dünne Spalten geschnitten

2 EL **Apfelessig**

1 EL **Dijon-Senf**

¼ TL **Meersalz**

¼ TL **gemischter Pfeffer** (schwarzer, weißer, grüner und rosa) oder nur schwarzer Pfeffer aus der Mühle

¼ Tasse* **Walnussöl oder natives Olivenöl extra**

⅔ Tasse **Walnusshälften**, zum Garnieren

* Siehe Kochtipp der Redaktion S. 8.

Brunnenkresse, Fenchel und Apfel in einer großen Schüssel gründlich vermischen.

Für das Dressing Essig, Senf, Salz und Pfeffer in einer mittelgroßen Schüssel gut vermischen. Öl in einem dünnen Strahl und unter beständigem Rühren hinzugeben, bis sich alle Zutaten miteinander verbunden haben. Dressing über den Salat geben und gründlich durchrühren.

Salat auf vier Teller verteilen und mit den Walnusshälften garnieren. Sofort servieren.

Pro Portion: 294 Kalorien, 5 g Eiweiß, 27 g Fett (davon 3 g gesättigt), 11 g Kohlenhydrate, 210 mg Natrium, 93 mg Kalzium, 4 g Ballaststoffe

Radicchio ist (wie der Name vermuten lässt) ein italienisches Gewächs, aber es macht immer wieder Spaß, ein Lebensmittel aus seiner Heimat zu entführen und zu schauen, wie es in einer fremden Umgebung zurechtkommt. Und wie man sieht: Radicchio, den es zusammen mit Palmkohl (ebenfalls ein Italiener) in diesem Rezept nach Südostasien verschlägt, fügt sich in seine neue Heimat ganz wunderbar ein.

Pikanter Radicchio-Palmkohl-SALAT

ERGIBT 4 PORTIONEN

- 3 EL **Shiro Miso** (weiße Misopaste)
- 2 EL **Panang- oder rote Currypaste**
- ½ Tasse* vollfette **Kokosmilch**
- ¼ Tasse frisch gepresster **Limettensaft**
- ⅓ Tasse ungesalzene **grobe Erdnussbutter**
- 1 EL fein gehackte frische **rote Chilischote** oder 1 TL **scharfes Chilipulver**
- 1 **Radicchio**, ohne Strunk und in ca. 0,5 cm breite Streifen geschnitten
- 1 großer Bund (etwa 10 Blätter) **Palmkohl** (Schwarzkohl), mittlere Blattrippen entfernt, in ca. 0,5 cm breite Streifen geschnitten
- 1 **rote Zwiebel**, halbiert und in dünne Scheiben geschnitten
- 2 Tassen grob gehacktes **frisches Koriandergrün**

* Siehe Kochtipp der Redaktion S. 8.

Für das Dressing Miso- und Currypaste in einer großen Schüssel gut verrühren, bis sich die beiden Pasten miteinander verbunden haben. Nach und nach die Kokosmilch einrühren, dann Limettensaft, Erdnussbutter und Chilis. Das Dressing wird sehr dickflüssig.

Radicchio, Palmkohl und Zwiebel hinzugeben und durchrühren, bis das Dressing dünnflüssiger geworden ist und am Gemüse haftet. Koriandergrün unterrühren, es soll sich gleichmäßig verteilen.

Salat auf vier Schalen verteilen und sofort servieren.

Pro Portion: 264 Kalorien, 9 g Eiweiß, 16 g Fett (davon 7 g gesättigt), 25 g Kohlenhydrate, 692 mg Natrium, 130 mg Kalzium, 5 g Ballaststoffe

PALÄO-TRICK: Zusammen mit dem Gemüse 230 g Mungobohnensprossen hinzugeben.

Ich bin immer auf der Suche nach improvisierten Meisterstücken, und dieses ergab sich, als ich angesichts der Ernte eines Sommernachmittags an Taboulé denken musste, den libanesischen Salat schlechthin. Zwar war nicht genug Petersilie für das Originalrezept vorhanden – noch dazu war es die glatte, nicht die traditionelle gekräuselte Sorte –, doch die anderen Zutaten schrien geradezu nach der Kombination. Das Ergebnis ist beim besten Willen kein echter Taboulé, doch sein Charakter ist »taboulées k«.

Taboulé-VARIATION

ERGIBT 4 PORTIONEN

2 Tassen* grob gehackte frische **Petersilie**

1½ Tassen **Cherrytomaten**, halbiert

1 **Salatgurke**, in ca. 1,5 cm dicke Scheiben geschnitten

1 **grüne Gemüsepaprika**, in ca. 1,5 cm breiten Würfeln

8 sehr frische **Frühlingszwiebeln** in Scheiben

2 **Knoblauchzehen**, grob gehackt

¼ TL **Meersalz**

¼ Tasse frisch gepresster **Zitronensaft**

¼ Tasse **natives Olivenöl**

¼ Tasse **Leinöl**

* Siehe Kochtipp der Redaktion S. 8.

Petersilie, Tomaten, Gurke, Gemüsepaprika und Frühlingszwiebeln in einer großen Schüssel gründlich vermischen.

Für das Dressing Knoblauch und Salz in einem Mörser zu einem Brei zerstoßen. Zitronensaft hinzufügen und mit dem Knoblauch verrühren. Nach und nach Oliven- und Leinöl dazugießen und durchrühren, bis sich alle Zutaten miteinander verbunden haben. Zu dem Salat geben und gründlich vermengen.

Salat auf vier kleine Schalen verteilen oder auf Kopfsalatblätter löffeln und sofort servieren.

Pro Portion: 293 Kalorien, 3 g Eiweiß, 27 g Fett (davon 3 g gesättigt), 12 g Kohlenhydrate, 168 mg Natrium, 86 mg Kalzium, 3 g Ballaststoffe

PALÄO-TIPP

Falls Sie keinen Mörser besitzen, hacken Sie die Knoblauchzehen grob auf einem Schneidebrett, streuen das Salz darüber und zerdrücken sie mit der flachen Seite eines Messers oder der Rückseite eines Holzlöffels. Geben Sie die Paste in eine kleine Schüssel und fahren Sie mit dem Rezept fort. Nach dem Essen aber machen Sie sich unverzüglich auf die Socken und kaufen einen Mörser – ein Küchengerät, das noch mehr paläo ist, werden Sie kaum finden.

Mag es bei seiner Zubereitung auch große regionale Unterschiede geben, so ist Krautsalat eindeutig ein europäisches Gericht und ganz sicher keines der mexikanischen Küche – willkommen im globalen Dorf, einem Ort, der unseren steinzeitlichen Vorfahren gänzlich unbekannt war.

Mexi-KOHL

ERGIBT 4 PORTIONEN

- 1 mittelgroßer **Rotkohl**
- 2 Tassen* geraspelte **Möhren**
- 1 EL grobkörniges **Salz**
- 4 frische **Poblano-Chilischoten**, geröstet (siehe Info-Kasten, Seite 51)
- 2 kleine **rote Zwiebeln**, längs halbiert und in dünne Scheiben geschnitten
- ½ Tasse grob gehacktes frisches **Koriandergrün**
- ¼ Tasse **Leinöl**
- ¼ Tasse frisch gepresster **Limettensaft**
- 1 **Chipotle-Chilischote**, aus der Dose oder getrocknet und in warmem Wasser eingeweicht (optional; siehe »Dem Geschmack auf der Spur«)
- 2 **Knoblauchzehen**, gepresst
- 1 TL **Pasilla- oder Ancho-Chilipulver** (siehe »Dem Geschmack auf der Spur«)
- 1 TL **Meersalz**
- 1 TL **spanisches geräuchertes Paprikapulver** (siehe Glossar)

* Siehe Kochtipp der Redaktion S. 8.

Rotkohl vierteln und Strunk entfernen, dann so dünn wie möglich schneiden oder hobeln. Rotkohl, Möhren und grobkörniges Salz in einer großen Schüssel gut miteinander vermischen. 1 bis 4 Stunden durchziehen lassen. Kurz mit kaltem Wasser abbrausen und in einem Sieb gründlich abtropfen lassen.

Krautmischung, geröstete Chilischoten, Zwiebeln und Koriandergrün in einer großen Schüssel gründlich vermischen.

Für das Dressing Öl, Limettensaft, Chipotle-Chili (optional), Knoblauch, Pasilla-Chilipulver, Salz und Paprikapulver in einem Mixer so lange pürieren, bis sich alle Zutaten verbunden haben. Über das Gemüse geben und gut durchrühren.

Salat auf vier Schalen oder auf mehreren Kopfsalatblättern verteilen und sofort servieren.

Pro Portion: 244 Kalorien, 6 g Eiweiß, 14 g Fett (davon 2 g gesättigt), 29 g Kohlenhydrate, 448 mg Natrium, 137mg Kalzium, 9 g Ballaststoffe

DEM GESCHMACK AUF DER SPUR

- Chipotle-Chilis fügen einem Gericht viel mehr als nur Schärfe hinzu. Ihr rauchiges, kräftiges Chili-Aroma sticht deutlich hervor und verbindet sich gleichzeitig hervorragend mit den anderen Zutaten.
- Pasilla-Chilipulver bringt mit seinem echten mexikanischen Aroma eine zusätzliche Geschmacksebene in das Dressing. Man findet es in Spezialgeschäften oder bei Online-Händlern. Hat man es nicht zur Hand, ist der Salat dennoch eine genussvolle Angelegenheit.

Über mehrere Jahre gereifter Balsamessig harmoniert wunderbar mit vielen Speisen, besonders mit jungem Gartenkürbis. Es muss kein sündhaft teurer 25 Jahre alter Aceto balsamico tradizionale sein, auch ein 12- oder 18-Jähriger kann wahre Wunder bewirken. Durch das traditionelle Herstellungsverfahren erhält der Essig eine geradezu magische Konzentration, Fülle und Sanftheit.

BALSAMICO-Kürbis

ERGIBT 4 PORTIONEN

2 **Buttersalatköpfe** (eine Variante des Kopfsalats)

700 g verschiedene Arten **junger, kleiner Gartenkürbisse** (ca. 7 cm Durchmesser)

3 EL **Aceto balsamico** tradizionale

3 EL **natives Olivenöl extra**

1 EL frisch gepresster **Zitronensaft**

¼ TL **Meersalz**

¼ TL **schwarzer Pfeffer** aus der Mühle

1 **rote Zwiebel**, in hauchdünne Ringe geschnitten

2 EL gehacktes frisches **Basilikum**

1 EL frische **Basilikumblätter** in dünnen Streifen, zum Garnieren

Salatköpfe aufbrechen, die inneren knackigen Blätter ganz lassen, die äußeren Blätter für eine spätere Verwendung aufheben. Waschen und in einer Salatschleuder trocknen oder trockentupfen.

Einen großen Topf zu zwei Dritteln mit gesalzenem Wasser füllen und zum Kochen bringen. Kürbisse dazugeben und eine Minute kochen lassen, dabei regelmäßig umrühren. Abgießen und unter kaltem Wasser abkühlen lassen. Auf einem sauberen Küchenhandtuch zum Trocknen ausbreiten. Jeden Kürbis der Länge nach halbieren.

Für das Dressing Balsamessig, Öl, Zitronensaft und Pfeffer in einer großen Schüssel verrühren, bis sich alle Zutaten miteinander verbunden haben. Zwiebel und Basilikum einrühren. Kürbisse hinzugeben und behutsam, aber gründlich unterrühren.

Salatblätter auf vier Teller verteilen, mit der Auswölbung nach oben. Kürbismischung auf die vier Salatblattschalen verteilen. Übrig gebliebenes Dressing darüberträufeln. Mit dem Basilikum garnieren und sofort servieren.

Pro Portion: 170 Kalorien, 6 g Eiweiß, 11 g Fett (davon 2 g gesättigt), 17 g Kohlenhydrate, 176 mg Natrium, 176 mg Kalzium, 5 g Ballaststoffe

Für Paläos, die kein Getreide essen, liegt der Verzehr von Taboulé so fern wie der eines Bagels. Dabei enthält ein traditionelles Taboulé nur sehr wenig Getreide, sondern besteht vor allem aus grob gehackter Petersilie. Aber man sollte bei seinen Überzeugungen bleiben, und ein bisschen Bulgur ist trotzdem Bulgur. Hier ist ein entfernter Taboulé-Verwandter, in dem Blumenkohl das Getreide ersetzt. Dünsten Sie den Blumenkohl, wenn er der Konsistenz von Bulgur nahekommen soll, doch ungedünstet enthält er mehr Nährstoffe, also warum nicht roh lassen? Entscheiden Sie selbst.

Blumenkohl-TABOULÉ

ERGIBT 2 PORTIONEN

½ kleiner **Blumenkohl**

2 Tassen* frische **Petersilie**, grob gehackt

12 **Frühlingszwiebeln**, grob gehackt

1 **Tomate**, in ca. 0,5 cm großen Würfeln (etwa ½ Tasse)

3 EL frisch gepresster **Zitronensaft**

3 EL **natives Olivenöl extra**

¼ TL **Meersalz** (falls gewünscht mehr)

¼ TL **schwarzer Pfeffer** aus der Mühle

* Siehe Kochtipp der Redaktion S. 8.

Den Blumenkohl in Röschen aufteilen, den festen Strunk entfernen. Die Röschen in eine Küchenmaschine geben und fein zerkleinern, bis sie den Körnern von Hirse oder Couscous ähneln. Eine ¾ Tasse davon in eine große Schüssel füllen, den Rest für eine andere Verwendung aufheben. Petersilie, Frühlingszwiebeln und Tomate untermischen, bis sich alle Zutaten gut miteinander verbunden haben.

Für das Dressing Zitronensaft, Öl, Salz und Pfeffer in einer kleinen Schüssel verrühren. Dressing über die Petersilienmischung geben und gründlich vermengen.

Den Salat auf vier Schalen verteilen und sofort servieren.

Pro Portion: 264 Kalorien, 6 g Eiweiß, 21 g Fett (davon 3 g gesättigt), 18 g Kohlenhydrate, 369 mg Natrium, 118 mg Kalzium, 7 g Ballaststoffe

Zugegeben, dieser Salat kann streng genommen nicht wirklich als libanesisch durchgehen. Vielmehr kombiniert das Rezept einen traditionellen israelischen Salat mit einem libanesischen Dressing. Ich hoffe, diese aromatische Verbindung wird weder die eine noch die andere Seite vor den Kopf stoßen, sondern genau das sein: eine Verbindung. Schalom! Salam! Alle sind willkommen!

Pseudolibanesischer SALAT

ERGIBT 4 PORTIONEN

1½ Tassen* **Tomaten** (alte, samenfeste Sorte oder Cherrytomaten) in mundgerechten Stücken

4 **Minisalatgurken**, in ca. 0,5 cm dicken Scheiben

1 **grüne Gemüsepaprika**, in ca. 1,5 cm breiten Würfeln

1 reife, aber feste **Avocado**, in ca. 1,5 cm großen Würfeln

1 kleine **rote Zwiebel**, halbiert und in dünnen Scheiben

1 Tasse ungesalzene **Kichererbsen**, gekocht oder aus der Dose, abgetropft und abgespült (optional)

½ Tasse grob gehacktes frisches **Koriandergrün**

2 **Knoblauchzehen**, grob gehackt

¼ TL **Meersalz**

¼ Tasse frisch gepresster **Zitronensaft**

2 EL **natives Olivenöl extra**

⅓ Tasse **Tahini**

* Siehe Kochtipp der Redaktion S. 8.

Tomaten, Gurken, Paprika, Avocado, Zwiebeln, Kichererbsen (optional) und die Hälfte des Koriandergrüns in einer großen Schüssel vermischen.

Für das Dressing Knoblauch und Salz in einem Mörser (siehe Paläo-Tipp, Seite 77) zu einem Brei zerstoßen. Zitronensaft hinzufügen und mit dem Knoblauch verrühren. Nach und nach Olivenöl dazugießen, dann das Tahini. Falls das Dressing zu dick ist, mit 1 EL Wasser verdünnen. Zu dem Salat geben und gründlich vermengen.

Salat auf vier Schalen verteilen und großzügig mit dem übrigen Koriandergrün garnieren. Sofort servieren.

Pro Portion: 228 Kalorien, 4 g Eiweiß, 20 g Fett (davon 3 g gesättigt), 12 g Kohlenhydrate, 240 mg Natrium, 27 mg Kalzium, 5 g Ballaststoffe

PALÄO-TRICK: Strenge Paläo-Anhänger verzichten auf Hülsenfrüchte, doch für Veganer können sie bis zu viermal pro Woche als intelligente Schummelei durchgehen.

Kohlrabi, obwohl häufig unterschätzt, ist wie sein Verwandter Brokkoli äußerst nährstoffreich, krebshemmend und schmackhaft. Falls Sie dieses Gemüse bisher verschmäht haben, sollten Sie ihm in diesem Salat nochmals eine Chance geben.

Blauer Kohlrabisalat MIT WALNÜSSEN

ERGIBT 4 PORTIONEN

- 2 große **blaue oder weiße Kohlrabi** mit frischen grünen Blättern (siehe »Dem Geschmack auf der Spur«)
- 2 **Äpfel der Sorte Granny Smith**, gestiftelt
- 3 **Selleriestangen**, gestiftelt
- 3 EL weißer **Balsamico- oder Champagneressig**
- 1 EL **Dijonsenf**
- ¼ TL **Meersalz**
- ¼ TL **schwarzer Pfeffer** aus der Mühle
- 6 EL **Walnussöl**
- 1 Tasse* **Walnusshälften**

* Siehe Kochtipp der Redaktion S. 8.

Die tentakelähnlichen Stängel von der Kohlrabiknolle abschneiden und diese stifteln. Mittelrippe der Blätter herausschneiden und wegwerfen. Blätter aufeinanderlegen und in Streifen schneiden, etwa in der Größe der Kohlrabistifte. Kohlrabi, Kohlrabiblätter, Äpfel und Sellerie in einer großen Schüssel gut miteinander vermengen.

Für das Dressing Essig, Senf, Salz und Pfeffer in einer mittelgroßen Schüssel verrühren. Öl in einem dünnen Strahl und unter beständigem Rühren hinzugeben, bis sich alle Zutaten miteinander verbunden haben. Dressing über den Salat geben und gründlich mengen.

Salat auf vier Teller verteilen. Mit den Walnusshälften garnieren und sofort servieren.

Pro Portion: 446 Kalorien, 6 g Eiweiß, 39 g Fett (davon 3 g gesättigt), 22 g Kohlenhydrate, 277 mg Natrium, 52 mg Kalzium, 7 g Ballaststoffe

DEM GESCHMACK AUF DER SPUR

Kohlrabi gehört zur verbreiteten und variantenreichen Familie der Kreuzblütengewächse mit einer verdickten Sprossachse, der Knolle, tentakelähnlichen Stängeln und essbaren Blättern. Die Knolle ähnelt in Geschmack und Konsistenz Brokkolistrünken und wird in der Regel vor der Verarbeitung geschält. Kleine bis mittelgroße Knollen sind großen vorzuziehen, die oft etwas hart sind.

Lassen Sie sich nicht von dem scheinbaren Aufwand für dieses Rezept abschrecken. Die Zubereitung geht schneller als gedacht, und Sie werden staunen, wie viele Aromen Sie im Handumdrehen gezaubert haben. Ein Hinweis aber: Sie sollten nicht versuchen, Reste aufzuheben oder eine größere Menge zubereiten, denn die in den Gurken enthaltene Flüssigkeit wird das Dressing furchtbar verwässern. Also essen Sie besser alles auf. Keine Gefangenen machen!

Gurken-Paprika-Salat MIT CHIPOTLE-VINAIGRETTE

ERGIBT 4 PORTIONEN

2 **grüne Gemüsepaprika**, geröstet und in ca. 5 × 5 cm große Rechtecke geschnitten (siehe Info-Kasten, Seite 51)

2 **Salatgurken**, längs geviertelt und in ca. 1,5 cm dicke Stücke geschnitten

1 **rote Zwiebel**, fein gewürfelt

½ Tasse* grob gehacktes frisches **Koriandergrün**

1 getrocknete **Chipotle-Chilischote**, in warmem Wasser aufgeweicht

¼ Tasse frisch gepresster **Limettensaft**

¼ Tasse **natives Olivenöl extra**

2 **Knoblauchzehen**

¼ TL **Meersalz**

¼ TL **schwarzer Pfeffer** aus der Mühle

* Siehe Kochtipp der Redaktion S. 8.

Geröstete Gemüsepaprika, Salatgurke, Zwiebel und Koriandergrün in einer Schüssel gut vermischen.

Für das Dressing zunächst die Chilischote abgießen und den Stiel entfernen. Schote zusammen mit Limettensaft, Öl, Knoblauch, Salz und Pfeffer in einem Mixer so lange pürieren, bis sich alle Zutaten verbunden haben. Über die Gurken-Paprika-Mischung geben und gründlich miteinander vermischen.

Salat auf vier Schalen verteilen und sofort servieren.

Pro Portion: 178 Kalorien, 2 g Eiweiß, 14 g Fett (davon 2 g gesättigt), 15 g Kohlenhydrate, 146 mg Natrium, 41 mg Kalzium, 3 g Ballaststoffe

Ganz sicher verlangt dieser Salat etwas Hingabe bei der Zubereitung und am Ende sollten Sie gleichermaßen schnell wie sorgfältig sein. Aber Sie können sicher sein, dass das Ergebnis die Arbeit wert ist. Ihre Gäste werden ins Schwärmen geraten und gar nicht mehr gehen wollen.

WARM-KALTER Salat mit geröstetem Blumenkohl

ERGIBT 4 PORTIONEN

- 1 Tasse* **Cashew-Kerne**
- 2 EL **Korinthen**
- ½ Tasse **Mandelblättchen**
- 1 großer **Blumenkohl**
- 2 EL **natives Olivenöl extra**
- ½ TL **Meersalz** (falls nötig mehr)
- 4 **Römersalatherzen**, nur die inneren knackigen Blätter
- 1 **gelbe oder weiße Zwiebel**, fein gewürfelt
- 1 Tasse **Wasser**
- 1 **Gemüsebrühwürfel** (ohne Salz)
- 1 TL **Ras el-Hanout-Gewürzmischung** oder **Currypulver**
- 3 EL frisch gepresster **Zitronensaft**
- 2 EL Tassen gehackte frische Blätter von **Koriandergrün**

* Siehe Kochtipp der Redaktion S. 8.

Cashew-Kerne in eine mittelgroße Schüssel geben und etwa 2,5 cm hoch mit kochendem Wasser bedecken. 1 Stunde ziehen lassen, dann abgießen und Cashew-Kerne abspülen.

Korinthen in eine kleine Schüssel geben und mit kochendem Wasser übergießen. 15 Minuten quellen lassen, dann abgießen.

Backofen auf 200 °C vorheizen. Mandeln auf ein Backblech verteilen und ca. 7 Minuten lang oder bis sie leicht gebräunt sind rösten lassen. In eine kleine Schüssel geben und abkühlen lassen.

Blumenkohl in Röschen teilen. Jedes Röschen längs in ca. 0,5 cm dicke Scheiben schneiden; sie sollten wie Querschnitte von Bäumen aussehen. Endstücke und Reste wie die kleinen Strünke grob hacken und zur Seite stellen.

Zwei Backbleche mit Backpapier auslegen und hauchdünn mit 1 TL Öl bepinseln. Blumenkohlscheiben so eng wie möglich nebeneinander auf dem Backpapier verteilen und erst dünn mit 2 TL Öl bepinseln und dann mit ¼ TL Salz bestreuen. Bei 200 °C ca. 30 Minuten rösten, während der letzten 10 Minuten regelmäßig kontrollieren und braun werdende Scheiben wenden. Andere Seite nochmals 10 bis 15 Minuten rösten, öfter kontrollieren und gebräunte Scheiben vom Blech nehmen. Geröstete Scheiben auf einen ofenfesten Teller legen und zur Seite stellen. Temperatur des Backofens auf 120 °C reduzieren.

Salatherzen zerteilen, evtl. die Enden der Rippen abschneiden. Kleinere Blätter ganz lassen, die übrigen quer in ca. 10 cm lange Stücke schneiden. Sehr breite Blätter längs halbieren. In eine große Schüssel mit kaltem Wasser legen, bis sie gebraucht werden.

Den restlichen 1 EL Öl in einer großen Kasserolle auf mittlerer Stufe erhitzen und die Zwiebel dazugeben. Unter regelmäßigem Rühren anbraten, bis die Zwiebel zu bräunen beginnt (etwa 10 Minuten). Gehackte Blumenkohlstücke hinzugeben und gut vermischen. So lange unter regelmäßigem Rühren kochen lassen, bis die Mischung sehr trocken ist und der Blumenkohl zu bräunen beginnt (etwa 4 Minuten). Gemüsebrühe (oder die entsprechende Menge lose Gemüsebrühe) und Ras el-Hanout hinzufügen, gut durchrühren und zum Kochen bringen. Dann bei mittlerer Hitze bedeckt köcheln lassen, bis das Gemüse sehr weich ist (etwa 30 Minuten). Zusammen mit ca. einem Drittel der gerösteten Blumenkohlscheiben und den Cashew-Kernen in einen Mixer geben. Glatt pürieren, ggf. mit etwas Wasser verdünnen, die Masse sollte eine cremige Konsistenz haben. 1 EL Koriandergrün einrühren. Wieder in die Kasserolle füllen und auf niedriger Stufe warmhalten.

Restliche Blumenkohlscheiben in den Ofen stellen, damit sie warm bleiben.

Salatblätter abgießen und in einer Salatschleuder oder mit einem Küchenhandtuch trocknen. In eine große Schüssel füllen.

Für das Dressing ca. zwei Drittel der Blumenkohlcreme in eine mittelgroße Schüssel geben und den Zitronensaft einrühren. Jetzt muss es schnell gehen: Dressing über den Salat gießen, dazu etwa die Hälfte der warmen Blumenkohlscheiben geben. Flott und gründlich mengen.

Salat auf vier Teller verteilen, jeweils zu einem kleinen Häufchen geformt. Das restliche warme Dressing darüberlöffeln und mit den Mandeln, den übrigen Blumenkohlscheiben und dem Koriandergrün garnieren. Sofort servieren.

Pro Portion: 428 Kalorien, 17 g Eiweiß, 28 g Fett (davon 3 g gesättigt), 40 g Kohlenhydrate, 462 mg Natrium, 115 mg Kalzium, 8 g Ballaststoffe

Es gibt viele Arten, die Knollen der Yambohne zu genießen. Nicht die schlechteste ist, sie einfach in Scheiben zu schneiden und mit Limettensaft, Salz und gemahlenen Chilis zu servieren. Dieses Rezept ist ein wenig anspruchsvoller, aber der Gedanke dahinter ist der gleiche.

Yambohnensalat

ERGIBT 4 PORTIONEN

1 mittelgroße **Yambohnenknolle**, geschält (siehe »Dem Geschmack auf der Spur«)

2 frische **Poblano-Chilischoten**, geröstet und in ca. 5 × 5 cm große Rechtecke geschnitten (siehe Info-Kasten, Seite 51)

1 **rote Zwiebel**, halbiert und in dünnen Scheiben

½ Tasse* grob gehacktes frisches **Koriandergrün**

¼ Tasse frisch gepresster **Limettensaft**

¼ **natives Olivenöl extra**

1 EL **Chimayó-Chilipulver** (siehe »Dem Geschmack auf der Spur«)

2 **Knoblauchzehen**, sehr fein gehackt oder gepresst

¼ TL **Meersalz**

¼ TL **schwarzer Pfeffer** aus der Mühle

* Siehe Kochtipp der Redaktion S. 8.

Knolle längs vierteln, dann quer in ca. 3 mm dicke Scheiben schneiden oder hobeln. Yambohne, Chilischoten, Zwiebel und Koriandergrün in einer großen Schüssel gut vermischen.

Für das Dressing Limettensaft, Öl, Chilipulver, Knoblauch Salz und Pfeffer verrühren, bis sich alle Zutaten gut miteinander verbunden haben. Über die Yambohnen-Mischung geben und gründlich durchrühren.

Salat auf vier Schalen verteilen und sofort servieren.

Pro Portion: 211 Kalorien, 2 g Eiweiß, 14 g Fett (davon 2 g gesättigt), 22 g Kohlenhydrate, 152 mg Natrium, 37 mg Kalzium, 9 g Ballaststoffe

DEM GESCHMACK AUF DER SPUR

- Die in Mexiko heimische Yambohne ist vor allem für ihre essbare Wurzelknolle bekannt. Knackig und sehr erfrischend besteht sie bis zu 90 Prozent aus Wasser und ist reich an den Vitaminen C, B, und A. Jicama, wie sie in Mexiko heißt, ist ein typischer Imbiss, der mit frisch gepresstem Limettensaft und gemahlenem Chili serviert wird, sie ist aber auch eine ausgezeichnete Salatzutat.

- Wenn Sie kein Chimayó-Chilipulver bekommen, wählen Sie ein Chilipulver mit einem reichen Aroma, aber mäßiger Schärfe. Vielleicht müssen Sie ein paar verschiedene Sorten ausprobieren, um sich mit ihren jeweiligen Eigenschaften vertraut zu machen, doch es ist immer gut, mehr über jene Lebensmittel zu lernen, die Sie ohne großen Aufwand kaufen können. Wenn Sie sie erst einmal besser kennen, finden Sie auch die passende Verwendung.

Curry mit Austernpilzen und Baby Pak Choi, *Seite 109*

Artischocken, gefüllt mit Quinoa, Oliven und Kapern, *Seite 90*

KAPITEL 7

Protein-Tricks

Getreideersatz

Ein bisschen wissen auch wir modernen Menschen, was es heißt, nach Nahrung zu suchen, selbst wenn wir dabei lediglich die Speisekammer durchforsten. Dennoch ist es schwer vorstellbar, dass irgendwann einmal jemand auf die Idee kam, eine große Distel könne etwas Essbares sein. Aber so war es, und Artischocken sind eine wahre Köstlichkeit. Gefüllt, wie in diesem Rezept, sind sie noch dazu ein beeindruckender Augenschmaus.

Artischocken, GEFÜLLT MIT QUINOA, OLIVEN UND KAPERN

Siehe Abbildung Seite 88

ERGIBT 4 PORTIONEN

¾ Tasse* **Quinoa**

1¼ Tassen **Wasser**

2¼ TL **Meersalz**

1 **Gemüsebrühwürfel** (ohne Salz), optional (siehe »Dem Geschmack auf der Spur«)

4 große **Artischocken**

2 **Zitronen** (unbehandelt)

1 **Lorbeerblatt**

2 EL **natives Olivenöl extra**

1 kleine **rote Zwiebel**, gewürfelt

1 **Knoblauchzehe**, klein gehackt

12 **grüne Oliven**, vorzugsweise Castelvetrano, entsteint und grob gehackt (siehe »Dem Geschmack auf der Spur«)

2 EL **Kapern**

Schwarzer Pfeffer aus der Mühle

2 EL grob gehackte **Petersilie**

* Siehe Kochtipp der Redaktion S. 8.

Sehen Sie, wie man Artischocken vorbereitet.
youtu.be/bTvhOyDFVmQ

Quinoa waschen und in einer kleinen Kasserolle mit Wasser, ¼ TL Salz und, wenn gewünscht, dem Brühwürfel (oder der entsprechenden Menge lose Gemüsebrühe) auf hoher Stufe aufkochen lassen. Temperatur reduzieren und auf niedriger Stufe 15 Minuten lang bedeckt kochen lassen. Vom Herd nehmen, durchrühren und Deckel wieder aufsetzen.

Während die Quinoa kocht, die Artischocken vorbereiten. Zitronenschale auf einen kleinen Teller reiben, bedecken und zur Seite stellen. 1 Zitrone auspressen und den Saft durch ein Sieb in einen mittelgroßen Topf geben, Schalen aufheben. Die übrigen 2 TL Salz, das Lorbeerblatt und so viel Wasser hinzugeben, dass der Topf etwas mehr als halbvoll ist.

Wir brauchen für diesen Salat nur das Artischockenherz, dafür entfernen Sie die unteren dunklen Blätter vom Stiel bis zur Mitte, bis die hellen, zarten inneren Blätter freiliegen. Die Spitze der Artischocke abschneiden (etwa ⅔) und den Stiel entfernen, mit einem Messer das dunkelgrüne Äußere komplett entfernen, das Heu mit einem Teelöffel auskratzten und das Artischockenherz mit der Zitrone einreiben, um eine Verfärbung zu verhindern. Das Artischockenherz in das Zitronenwasser legen. Den Stiel schälen und den hellen Kern würfeln, ebenfalls mit Zitronensaft beträufeln und zur Seite stellen. Genauso mit den anderen Artischocken verfahren.

Zitronenwasser mit Artischockenherzen aufkochen lassen. Auf mittlere Hitze reduzieren und bedeckt köcheln lassen, bis die Artischocken zart sind (etwa 8 Minuten). Die Spitze eines Messers sollte leicht eindringen können. Artischockenherzen mit einem Schaumlöffel herausnehmen und auf einem Teller umgedreht abtropfen lassen.

Backofen auf 175 °C vorheizen.

Öl auf hoher Stufe in einer großen Kasserolle heiß werden lassen und Zwiebel hinzugeben. Unter regelmäßigem Rühren etwa 2 Minuten anbraten. Auf mittlere Hitze reduzieren, Knoblauch und ggf. die gewürfelten Artischockenstiele dazugeben und unter Rühren weiterbraten, bis das Gemüse weich ist (etwa 10 Minuten). Oliven und Kapern hinzufügen und so lange durchrühren, bis alles gleichmäßig warm ist (etwa 2 Minuten). Mit Pfeffer abschmecken. Vom Herd nehmen und Quinoa und Petersilie unterrühren.

Artischocken umdrehen und Quinoa-Mischung gleichmäßig auf sie verteilen. Leicht andrücken, damit die Masse nicht auseinanderfällt. Gefüllte Artischocken auf ein Backblech setzen und auf mittlerer Schiene etwa 15 Minuten backen, bis sie heiß sind. Sofort servieren.

Pro Portion: 264 Kalorien, 12 g Eiweiß, 13 g Fett (davon 1 g gesättigt), 41 g Kohlenhydrate, 612 mg Natrium, 126 mg Kalzium, 13g Ballaststoffe

DEM GESCHMACK AUF DER SPUR

- Gemüsebrühe ist zwar optional, doch sie verstärkt den Geschmack vieler anderer Zutaten, besonders von Getreide bzw. im Paläo-Kontext von Pseudogetreide.
- Castelvetrano ist eine sizilianische Olivensorte mit strahlend grünem Äußeren und einem ausgeprägt frischen Geschmack. Wenn Sie keine finden, dann nehmen Sie vergleichbare grüne Oliven.

Dieses herzhafte Gericht verbindet erneut den Wildsamen Quinoa aus den Anden mit einer europäischen Allium-Art (Lauch) und einem raren Speisepilz aus Norditalien – hier in flüssiger Form als weißes Trüffelöl. Eine solche Kombination hätten sich unsere altsteinzeitlichen Vorfahren niemals auch nur vorstellen können. Wir leben in einer erstaunlichen Zeit!

Quinoa MIT LAUCH UND WEISSEM TRÜFFELÖL

ERGIBT 4 PORTIONEN

1 Tasse* **Quinoa**

1½ Tassen **Wasser**

1 **Gemüsebrühwürfel** (ohne Salz)

½ TL **Meersalz**

4 **Lauchstangen** (siehe Info-Kasten, Seite 57)

2 EL **natives Olivenöl extra**

Schwarzer Pfeffer aus der Mühle

2 TL **weißes Trüffelöl** (siehe »Dem Geschmack auf der Spur«)

2 EL klein geschnittener frischer **Schnittlauch**

* Siehe Kochtipp der Redaktion S. 8.

Quinoa waschen und in einem kleinen Topf mit Wasser, dem Brühwürfel (oder der entsprechenden Menge lose Gemüsebrühe) und ¼ TL Salz auf hoher Stufe aufkochen lassen. Temperatur reduzieren und auf niedriger Stufe 15 Minuten lang bedeckt kochen lassen. Vom Herd nehmen, durchrühren und zudecken.

Während die Quinoa kocht, den Lauch vorbereiten. Lauchstangen vor dem Waschen längs in zwei Hälften schneiden. Wurzelenden abschneiden und nochmals längs halbieren. Dann quer in jeweils ca. 1,5 cm Abstand schneiden.

In eine große Kasserolle bei mittlerer Hitze zunächst Öl, dann den Lauch geben. Umrühren, bis alle Lauchstücke mit Öl überzogen sind. Das restliche Salz dazugeben und unter regelmäßigem Rühren weiterbraten, bis der Lauch weich ist (etwa 10 Minuten). Quinoa hinzufügen, mit Pfeffer abschmecken und unter ständigem Rühren erhitzen, bis die Quinoa gleichmäßig warm ist (etwa 3 bis 4 Minuten). Trüffelöl und die Hälfte des Schnittlauchs unterrühren.

Auf vier Teller verteilen, mit dem restlichen Schnittlauch garnieren und sofort servieren.

Pro Portion: 278 Kalorien, 11 g Eiweiß, 16 g Fett (davon 2 g gesättigt), 44 g Kohlenhydrate, 354 mg Natrium, 133 mg Kalzium, 10 g Ballaststoffe

DEM GESCHMACK AUF DER SPUR

Weißes Trüffelöl ist in kleinen Fläschen abgefüllt in Delikatess- und Spezialitätengeschäften bzw. in Online-Shops erhältlich. Beim Blick auf den Preis wird Sie erst einmal der Schlag treffen, doch wenn Sie sich bewusst machen, dass Sie für ein Gericht niemals mehr als ein paar Teelöffel voll benötigen, wird Ihnen der hohe Preis annehmbarer erscheinen. Wie Sie Öl im Tiefkühlschrank sehr lange aufbewahren können, erfahren Sie im Info-Kasten auf Seite 53. Ist das Trüffelöl nirgends aufzutreiben oder schlicht zu teuer, dann genießen Sie das Gericht einfach ohne das Trüffelaroma, es ist auch ohne die noble Note sehr lecker.

Quinoa ist ein köstlicher, unverfälschter Ersatz für Couscous, die Hauptzutat in der marokkanischen und überhaupt der nordafrikanischen Küche. Geografisch wie botanisch liegen zwar Welten zwischen den beiden, doch weil sie anderweitig einiges gemeinsam haben, ist in den meisten Fällen Quinoa eine passende Alternative. Aufgrund seiner gesundheitsfördernden Eigenschaften ist Quinoa zudem die bessere Wahl gegenüber raffinierten Kohlenhydraten – einschließlich des wunderbaren Couscous. Daher ist dieses Gericht natürlich nicht authentisch marokkanisch, doch die Aromen und der Gesamteindruck lassen an diese großartige Küche denken.

Quinoa MIT SÜSSKARTOFFELN AUF MAROKKANISCHE ART

ERGIBT 4 PORTIONEN

1 Tasse* **Quinoa**

1½ Tassen **Wasser**

2 **Gemüsebrühwürfel** (ohne Salz)

½ TL **Meersalz**

2 TL **kaltgepresstes Kokosöl**

4 sehr dünne rotfleischige **Süßkartoffeln**, geschält und in ca. 2,5 cm lange Stücke geschnitten

2 TL **Ras el-Hanout-Gewürzmischung oder Currypulver** (falls nötig mehr)

¼ TL gemahlener **Zimt**

8 **Frühlingszwiebeln**, in dünne Scheiben geschnitten

1 Tasse grob gehacktes frisches **Koriandergrün**

* Siehe Kochtipp der Redaktion S. 8.

Quinoa waschen und in einem kleinen Topf mit Wasser, einem Brühwürfel und ¼ TL Salz auf hoher Stufe aufkochen lassen. Temperatur reduzieren und auf niedriger Stufe 15 Minuten lang bedeckt kochen lassen. Vom Herd nehmen, durchrühren und zudecken.

Während die Quinoa kocht, die Süßkartoffeln vorbereiten. Den Boden einer Bratpfanne dünn mit Öl bedecken. Süßkartoffelstücke nebeneinander aufrecht wie Zylinder stellen. Behutsam so viel Wasser einfüllen, dass die Stücke etwas mehr als 1 cm mit Wasser bedeckt sind. Den zweiten Brühwürfel in kleine Stücke zerbröseln und zum Wasser geben. Die Oberseiten der Süßkartoffeln mit Ras el-Hanout und dem restlichen Salz bestreuen.

Wasser bei mittlerer bis hoher Hitze zum Sieden bringen. Auf mittlere Hitze reduzieren, bedecken und köcheln lassen, bis die Süßkartoffeln zart sind (etwa 10 Minuten). Deckel abnehmen und weiterkochen lassen, bis kein Wasser mehr in der Pfanne ist und die Süßkartoffeln am Boden leicht karamellisieren (etwa 10 bis 15 Minuten). Pfanne anheben und schütteln, um die Süßkartoffeln auch an den Seiten leicht zu karamellisieren. Quinoa und Zimt hinzufügen und behutsam durchrühren, bis es sich mit den Süßkartoffeln vermischt hat. Unter Rühren erhitzen, bis alles gleichmäßig warm ist (etwa 5 Minuten). Behutsam Frühlingszwiebeln und Koriandergrün unterrühren. Abschmecken und falls nötig mit mehr Ras el-Hanout würzen. Sofort servieren.

Pro Portion: 274 Kalorien, 12 g Eiweiß, 9 g Fett (davon 3 g gesättigt), 56 g Kohlenhydrate, 272 mg Natrium, 100 mg Kalzium, 13 g Ballaststoffe

Jede Köchin und jeder Koch stand schon einmal vor einem Kühlschrank, der vollgestopft war mit allem möglichen Gemüse der Kategorie ‚schon länger frisch' und das man schnellstens zu verbrauchen hatte. Ich nehme an, unseren altsteinzeitlichen Vorfahren erging es ähnlich, wenn sie sich überlegen mussten, was sie mit der Ausbeute des Tages (oder des vorigen Tages) anfangen konnten. Wie sich zeigt, ist das die perfekte Gelegenheit für ungewöhnliche und ganz wunderbare Gerichte, zum Beispiel das folgende.

Wildreis-Pilaw MIT BUNTEM GEMÜSE

ERGIBT 4 PORTIONEN

- ½ Tasse* **Wildreis**, gewaschen (siehe »Dem Geschmack auf der Spur«)
- 1½ Tassen **Wasser**
- 1 **Gemüsebrühwürfel** (ohne Salz)
- ½ TL **Meersalz**
- 2 EL **natives Olivenöl extra**
- 3 Tassen **Zwiebeln**, gewürfelt
- 2 Tassen **Pilze**, gewürfelt
- 1 Tasse **Staudensellerie**, gewürfelt
- 1 Tasse **Rote Bete**, gewürfelt (siehe »Dem Geschmack auf der Spur«)
- ¾ Tasse **Brokkolistiele**, geschält und gewürfelt
- ¾ Tasse **Möhre**, gewürfelt
- ¾ Tasse **sehr kleine Zucchini**, in Scheiben geschnitten
- 3 Tassen grob gehackter **Kohl** (welche Sorte auch immer gerade vorhanden ist)
- 2 EL **Fines herbes**
- ¼ TL **schwarzer Pfeffer** aus der Mühle
- 8 **Frühlingszwiebeln**, in dünne Scheiben geschnitten
- 2 EL gehackte frische **Petersilie**

* Siehe Kochtipp der Redaktion S. 8.

Wildreis, Wasser, Brühwürfel (oder die entsprechende Menge lose Gemüsebrühe) und ¼ TL Salz in einem kleinen Topf auf hoher Stufe aufkochen lassen. Auf mittlere Hitze reduzieren, bedecken und 25 Minuten lang köcheln lassen; ggf. länger, bis kein Wasser mehr übrig ist. Vom Herd nehmen und zur Seite stellen.

In eine große Kasserolle bei mittlerer Hitze zunächst Öl, dann die Zwiebeln geben. Unter regelmäßigem Rühren anbraten, bis die Zwiebeln weich zu werden beginnen (etwa 4 Minuten). Pilze, Sellerie, Rote Bete, Brokkolistiele und Möhren dazugeben und gut durchrühren. Unter regelmäßigem Rühren etwa 10 Minuten weiterbraten. Zucchini, Kohl, Fines herbes und das restliche Salz hinzufügen und gut durchrühren. Hitze auf mittlere Stufe reduzieren und unter gelegentlichem Umrühren weiterbraten lassen, bis alles Gemüse weich ist (etwa 10 Minuten).

Pfeffer und Wildreis hinzugeben und unter ständigem Rühren erhitzen, bis alles gleichmäßig warm ist (etwa 3 bis 4 Minuten). Die Hälfte der Frühlingszwiebeln und der Petersilie unterrühren.

Auf vier Teller verteilen und mit den restlichen Frühlingszwiebeln und der Petersilie garnieren. Sofort servieren.

Pro Portion: 296 Kalorien, 10 g Eiweiß, 10 g Fett (davon 2 g gesättigt), 48 g Kohlenhydrate, 429 mg Natrium, 157 mg Kalzium, 9 g Ballaststoffe

DEM GESCHMACK AUF DER SPUR

- Echter wilder Wasserreis (Wildreis) wird in Minnesota bzw. der kanadisch-amerikanischen Seenlandschaft von ansässigen Indianervölkern vom Kanu aus geerntet, warum er im Handel oft als Indianerreis oder Kanadischer Reis angeboten wird. Sein Geschmack und seine Beschaffenheit unterscheiden sich um einiges von den Zuchtsorten. Sorten aus kultiviertem Anbau sind weitaus günstiger und leichter erhältlich, sie benötigen eine längere Kochzeit und mehr Wasser (beachten Sie die Angaben auf der Packung). Wildreis ist fertig gekocht, wenn die Körner aufplatzen und eine weiche, leicht zähe Konsistenz aufweisen.

- Wenn Sie gerade im Jagdfieber sind, halten Sie für dieses Rezept Ausschau nach Rote Bete der Sorte Tonda di Chioggia. Ein anderer Name dieser samenfesten Bete ist Ringelbete, weil sie beim Anschneiden ein hübsches rot-weißes Ringelmuster präsentiert. Im Gegensatz zur üblichen Rote Bete wird eine Chioggia-Bete beim Kochen nicht auf das gesamte Gericht abfärben.

Lassen Sie sich nicht von dem Namen dieses Rezepts abschrecken, denn es besteht kaum Ähnlichkeit zu der billigen China-Imbiss-Ausgabe mit weißem Reis. In der Tat würden Paläos diese Schummelei sogar akzeptieren – schließlich ist dieses Gericht der Bildung gesunder Zellen zuträglich, nicht der von Hängebäuchen. Und der Geschmack ist eine Wucht: Wenn Sie schon einmal richtig gut zubereiteten gebratenen Reis gegessen haben, wird diese Version köstliche Erinnerungen wecken.

Gebratener Reis MIT ANANAS

ERGIBT 4 PORTIONEN

¾ Tasse* **Wildreis**, gewaschen (siehe »Dem Geschmack auf der Spur«, Seite 95)

2¼ Tassen **Wasser**

1 **Gemüsebrühwürfel** (ohne Salz)

¼ TL **Meersalz**

2 Tassen **Ananas**, gewürfelt (1,5 cm große Stücke)

1¼ Tassen grob gehacktes frisches **Koriandergrün**

2 frische **rote Chilischoten**, in dünne Scheiben geschnitten

8 **Frühlingszwiebeln**, in Scheiben geschnitten

2 EL **kaltgepresstes Kokosöl**

1½ Tassen **Schalotten**, in dünne Scheiben geschnitten

2 EL salzarme **Tamari Sojasauce**

½ Tasse geröstete **Mandelblättchen**, zum Garnieren

* Siehe Kochtipp der Redaktion S. 8.

Wildreis, Wasser, Brühwürfel (oder die entsprechende Menge lose Gemüsebrühe) und Salz in einem kleinen Topf auf hoher Stufe aufkochen lassen. Auf mittlere Hitze reduzieren, bedecken und 25 Minuten lang köcheln lassen; ggf. länger, bis kein Wasser mehr übrig ist (in regelmäßigen Abständen kontrollieren). Vom Herd nehmen und zur Seite stellen.

Die Ananaswürfel, 1 Tasse Koriandergrün, Chilischoten und Frühlingszwiebeln in einer mittelgroßen Schüssel vermengen.

In eine große Kasserolle bei mittlerer Hitze zunächst das Öl geben. Sobald es schmilzt, die Schalotten dazugeben. Unter regelmäßigem Rühren anbraten, bis die Schalotten zu bräunen beginnen (etwa 5 Minuten). Wildreis dazugeben und unter ständigem Rühren erhitzen, bis alles gleichmäßig warm ist (etwa 2 bis 3 Minuten). Ananas-Mischung und Tamari Sojasauce hinzufügen und nochmals so lange behutsam durchrühren, bis alles gleichmäßig warm ist (etwa 3 bis 5 Minuten).

Mit den Mandeln und dem restlichen Koriandergrün garnieren und sofort servieren.

Pro Portion: 463 Kalorien, 13 g Eiweiß, 24 g Fett (davon 8 g gesättigt), 55 g Kohlenhydrate, 556 mg Natrium, 104 mg Kalzium, 4 g Ballaststoffe

Verwenden Sie für diese Puffer nur Soba-Nudeln, die zu 100 % aus Buchweizen bestehen. Ob es übrig gebliebene Nudeln sind oder Sie welche frisch kochen – wen kümmert's? Die Kombination aus heißen, knusprigen Soba-Küchlein und kalten, cremigen Avocadoscheiben ist in jedem Fall überwältigend köstlich.

Buchweizen-Soba-Küchlein MIT AVOCADO

ERGIBT 4 PORTIONEN

230 g **Buchweizen-Soba-Nudeln** (siehe »Dem Geschmack auf der Spur«)

2 TL geröstetes **Sesamöl**

8 **Frühlingszwiebeln**, diagonal in dünne Scheiben geschnitten

¼ Tasse* **Sesamsamen**

2 EL kaltgepresstes **Kokosöl**

2 reife, aber feste **Avocados**, in ca. 0,5 cm dicke Scheiben geschnitten

* Siehe Kochtipp der Redaktion S. 8.

Einen großen Topf zu ca. zwei Dritteln mit Wasser füllen und auf hoher Stufe zum Kochen bringen. Soba-Nudeln in kochendes Wasser geben und durchrühren, damit sie nicht zusammenkleben. Unter gelegentlichem Umrühren kochen, bis die Nudeln gerade weich zu werden beginnen (etwa 5 Minuten). In ein Sieb abgießen und mit kaltem Wasser abspülen. Gut abtropfen lassen und in eine mittelgroße Schüssel füllen. Geröstetes Sesamöl einrühren, bis alle Nudeln mit dem Öl überzogen sind.

¼ Tasse Frühlingszwiebeln und 1 EL Sesamsamen zur Seite stellen. Restliche Frühlingszwiebeln und Sesamsamen zu den Nudeln geben und durchrühren, bis alle Nudeln damit bedeckt sind. Nudeln in vier gleich große Portionen aufteilen.

In eine große Pfanne bei mittlerer Hitze das Kokosöl geben. Wenn es geschmolzen ist, die vier Nudelportionen dazugeben und mit einem Spatel zu flachen Küchlein andrücken. Anbraten, bis die Unterseiten knusprig sind (etwa 3 bis 4 Minuten), dann wenden und von der anderen Seite anbraten.

Auf vier Tellern die Soba-Küchlein und darauf die Avocadoscheiben dekorativ arrangieren. Mit den restlichen Frühlingszwiebeln und Sesam garnieren und sofort servieren.

Pro Portion: 507 Kalorien, 10 g Eiweiß, 29 g Fett (davon 10 g gesättigt), 56 g Kohlenhydrate, 18 mg Natrium, 139 mg Kalzium, 12 g Ballaststoffe

DEM GESCHMACK AUF DER SPUR

Wenngleich traditionell hergestellte Soba-Nudeln, die zu 100 % aus Buchweizen ohne Weizenzugabe bestehen, schwierig zu finden sein können, lohnt sich die Suche. Online-Shops, die auf makrobiotische Lebensmittel spezialisiert sind, bieten verschiedene Sorten an, darunter solche, die Zutaten wie Lotoswurzeln, Yams oder Beifuß beinhalten.

Das Geheimnis dieses bodenständigen Gerichts ist, weder den Buchweizen noch den Grünkohl zu lange kochen zu lassen, beide sollten angenehm bissfest bleiben; dann kann sich jeder gegenüber dem anderen behaupten. Aleppo-Pfeffer ist eine optionale Zutat, ohne die das Ergebnis den Gaumen immer noch erfreuen wird, nur mit etwas weniger Schärfe.

Kascha MIT GRÜNKOHL

ERGIBT 4 PORTIONEN

1½ Tassen* **Kascha** (Buchweizengrütze)

1 TL **Meersalz**

1 EL **natives Olivenöl extra**

3 Tassen **Zwiebeln**, gewürfelt

4 **Knoblauchzehen**, klein gehackt

2 TL **Aleppo-Pfeffer** oder ½ TL **Cayennepfeffer** (optional; siehe »Dem Geschmack auf der Spur«)

¼ TL **schwarzer Pfeffer** aus der Mühle

8 Tassen grob gehackte **Grünkohlblätter**, zusammengedrückt (etwa 2 Bund)

Schale und Saft einer **Zitrone** (unbehandelt)

⅓ Tasse rohe oder geröstete **Kürbiskerne**

* Siehe Kochtipp der Redaktion S. 8.

Einen großen Topf zu ca. zwei Dritteln mit Wasser füllen und auf hoher Stufe zum Kochen bringen. Buchweizen und ¾ TL Salz hinzufügen und gut durchrühren. Noch einmal aufkochen lassen, dann auf mittlere Hitze reduzieren und sanft köcheln lassen (etwa 12 Minuten). Abgießen und zur Seite stellen.

In eine große Kasserolle bei mittlerer Hitze zunächst Öl, dann die Zwiebeln geben. Unter regelmäßigem Rühren anbraten, bis die Zwiebeln weich und an den Rändern leicht braun zu werden beginnen (etwa 5 Minuten). Knoblauch, optional Aleppo-Pfeffer und schwarzen Pfeffer hinzugeben und unter ständigem Rühren weiterbraten, bis der Knoblauch leicht glasig wird (etwa 1 Minute). Grünkohl hinzugeben und gut durchrühren. Unter regelmäßigem Rühren weiterkochen, bis die Blätter zusammenfallen (etwa 2 Minuten). Restliches Salz hinzufügen und unter regelmäßigem Durchrühren köcheln lassen, bis der Grünkohl weich ist (etwa 5 bis 7 Minuten). Damit die Kohl-Mischung nicht austrocknet, zwischendurch je 1 EL Wasser hinzugeben. Wenn der Grünkohl weich ist, den Buchweizen dazugeben. Unter ständigem Rühren so lange weiterkochen lassen, bis die Grünkohl-Buchweizen-Mischung gleichmäßig warm ist (etwa 3 bis 5 Minuten).

Vom Herd nehmen und die Kürbiskerne, Zitronenschale und den -saft einrühren und gut vermengen. Sofort servieren.

Pro Portion: 431 Kalorien, 23 g Eiweiß, 11 g Fett (davon 1 g gesättigt), 74 g Kohlenhydrate, 70 mg Natrium, 230 mg Kalzium, 14 g Ballaststoffe

DEM GESCHMACK AUF DER SPUR

Aleppo-Pfeffer ist in diesem Gericht zwar kein Muss, bringt aber neben einer verhaltenen Schärfe sein ganz eigenes ausgeprägtes Aroma hinein: eine süß-saure Note, die an getrocknete Tomaten erinnert.

KAPITEL 8

Protein-Tricks II

Hülsenfrüchte

Die Augenbohnen (Schwarzaugen- oder auch Kuhbohnen genannt) sind mit ihrem nussigen Geschmack ohnehin etwas Besonderes, aber in der passenden Umgebung werden sie zu echten Stars. Étouffée bedeutet gedünstet oder gedämpft, und die passende Umgebung für die Augenbohnen ist in diesem Fall eine Aromendecke, die sie wie Dampf umhüllt. Dieses Gericht verlangt ein wenig Arbeit, doch das Ergebnis rechtfertigt den Aufwand. Übrigens können Sie auch gleich die doppelte Menge zubereiten, es wird Sie nur unwesentlich mehr Zeit kosten.

Augenbohnen ÉTOUFFÉE

ERGIBT 8 PORTIONEN

- 2 EL **natives Olivenöl extra**
- 4 Tassen* **Zwiebeln**, gewürfelt
- 2 Tassen **Staudensellerie**, gewürfelt
- 2 rote, 2 gelbe, 2 orangene **Gemüsepaprika**, geröstet, enthäutet und gewürfelt (siehe Info-Kasten, Seite 51)
- 3 EL **Knoblauchzehen**, fein gehackt
- 2 frische grüne, 2 frische rote **Serrano-Chilischoten**, gewürfelt
- 1 TL **Meersalz**
- 2 TL **spanisches geräuchertes Paprikapulver**
- 5 Tassen ungesalzene **Augenbohnen**, gekocht oder aus der Dose, mit Flüssigkeit
- 1 Tasse gehackte **frische Petersilie**
- 8 **Frühlingszwiebeln**, in sehr dünne Scheiben geschnitten
- 1 Tasse **Leinöl** (optional)
- 1 EL **Aleppo-Pfeffer** oder 1 TL **Cayennepfeffer**

* Siehe Kochtipp der Redaktion S. 8.

In eine große Kasserolle bei mittlerer Hitze zunächst Öl, dann die Zwiebeln geben. Unter regelmäßigem Rühren anbraten, bis die Zwiebeln weich sind und glasig werden (etwa 4 Minuten). Sellerie dazugeben und gut durchrühren. Unter regelmäßigem Rühren weiterbraten, bis das Gemüse fast trocken ist (etwa 10 Minuten). Geröstete Paprika, Knoblauch, Chilis, Salz und Paprikapulver hinzugeben und gut durchrühren. Bei schwacher Hitze unter regelmäßigem Umrühren etwa 30 Minuten bedeckt köcheln lassen, bis alles Gemüse weich ist. Falls nötig zwischendurch je 1 EL von der Bohnenkochflüssigkeit (bzw. bei Bohnen aus der Dose von dem Bohnenwasser) oder Wasser hinzufügen.

Wenn das Gemüse weich ist und sich eine Sauce gebildet hat, die Augenbohnen dazugeben. Unter ständigem Rühren auf mittlerer Stufe erhitzen, bis die Bohnen und das Gemüse gleichmäßig warm sind. Vom Herd nehmen und die Petersilie unterrühren.

Auf Schalen verteilen und jede Portion mit einem Häufchen Frühlingszwiebeln mit der restlichen Petersilie in der Mitte garnieren. Optional das Leinöl ringförmig um die Frühlingszwiebeln geben. Großzügig mit Aleppo-Pfeffer bestreuen. Ermuntern Sie Ihre Gäste, zum Essen alles miteinander zu vermengen.

Pro Portion: 219 Kalorien, 5 g Eiweiß, 5 g Fett (davon 1 g gesättigt), 55 g Kohlenhydrate, 318 mg Natrium, 171 mg Kalzium, 8 g Ballaststoffe

In Ägypten werden dicke Bohnen (Ful) bei niedriger Temperatur über mehrere Stunden gekocht – üblicherweise über Nacht –, wodurch sie eine zwar bissfeste, aber cremige Konsistenz und einen unvergleichlichen Geschmack erhalten. Hervorragende Resultate lassen sich aber ebenso mit einer modernen und kürzeren Variante erzielen, denn dicke Bohnen (Acker-, Sau-, Favabohnen) gibt es auch in Konservendosen, und sie sind für dieses Rezept recht gut geeignet, probieren Sie es aus.

Fenchel und dicke Bohnen MIT ZITRONE

ERGIBT 4 PORTIONEN

- 4 EL **natives Olivenöl extra**
- 2 **Fenchelknollen**, gewürfelt (etwa 4 Tassen*)
- 1 Dose (400 g) ungesalzene **dicke Bohnen**, abgetropft und abgespült
- ½ TL **Meersalz**
- 3 EL frisch gepresster **Zitronensaft**
- 2 EL gehackte frische **Petersilie**
- 1 **Zitrone** (unbehandelt), fein geriebene Schale zum Garnieren

In eine mittelgroße Kasserolle bei mittlerer Hitze zunächst 1 EL Öl, dann den Fenchel geben. Unter regelmäßigem Rühren anbraten, bis der Fenchel weich und braun zu werden beginnt (etwa 10 Minuten). Die dicken Bohnen und das Salz dazugeben und gelegentlich durchrühren, bis sie warm sind (etwa 5 bis 10 Minuten). Vom Herd nehmen und die restlichen 3 EL Öl, den Zitronensaft und die Hälfte der Petersilie hinzufügen. Behutsam durchrühren, bis sich alle Zutaten gut vermischt haben.

Auf vier kleine Schalen verteilen, mit der restlichen Petersilie und der Zitronenschale garnieren und sofort servieren.

Pro Portion: 255 Kalorien, 9 g Eiweiß, 14 g Fett (davon 2 g gesättigt), 25 g Kohlenhydrate, 597 mg Natrium, 87 mg Kalzium, 9 g Ballaststoffe

Die Kombination von Bohnen oder Linsen mit grünem Blattgemüse ist im Nahen Osten und in Afrika – der Wiege der Menschheit – nicht ungewöhnlich, und sie ist köstlich. Die in diesem Gericht verwendeten Bohnen stammen aus Mexiko und der Mangold aus Europa – es vereint also aufs Wohlschmeckendste vier Kontinente. Es ist großartig, wie Essen eine Brücke zu anderen Kulturen schlagen kann, gegenwärtigen wie vergangenen.

Schwarze Bohnen MIT ROTEM MANGOLD

ERGIBT 4 PORTIONEN

1 großer Bund **roter Mangold** (etwa 8 Blätter)

2 EL **natives Olivenöl extra**

1 **rote Zwiebel**, gewürfelt

4 **Knoblauchzehen**, fein gehackt

5 Tassen* ungesalzene **schwarze Bohnen**, gekocht oder aus der Dose, mit Flüssigkeit

1 EL **Pasilla-Chilipulver** (optional; siehe »Dem Geschmack auf der Spur«)

1 EL **Chipotle-Chilipüree** (siehe Info-Kasten)

1 TL **spanisches geräuchertes Paprikapulver**

½ TL **Meersalz** (falls nötig mehr)

* Siehe Kochtipp der Redaktion S. 8.

Die Mittelrippen der Mangoldblätter herausschneiden, würfeln und auf einen Teller geben. Blätter grob hacken.

In eine große Kasserolle bei mittlerer Hitze zunächst Öl, dann die Zwiebel geben. Unter regelmäßigem Rühren anbraten, bis die Zwiebel weich ist und glasig wird (etwa 5 Minuten). Die Mangoldstiele und den Knoblauch dazugeben und unter regelmäßigem Rühren weiterbraten, bis das Gemüse zu schimmern und zu duften beginnt (etwa 3 Minuten). Mangoldblätter hinzugeben und rühren, bis die Blätter zusammenfallen (etwa 1 Minute). 1 Tasse der Bohnenflüssigkeit oder Wasser, Pasilla-Chilipulver, Chipotle-Chilipüree, Paprikapulver und Salz hinzugeben und umrühren, bis alle Zutaten gut vermischt sind. Aufkochen lassen, dann auf mittlere Hitze reduzieren und unter regelmäßigem Umrühren köcheln lassen, bis alles Gemüse weich ist (etwa 15 Minuten).

Bohnen dazugeben, durchrühren und heiß werden lassen. Abschmecken und wenn gewünscht nachsalzen. Sofort servieren.

Pro Portion: 221 Kalorien, 10 g Eiweiß, 8 g Fett (davon 1 g gesättigt), 30 g Kohlenhydrate, 523 mg Natrium, 80 mg Kalzium, 10 g Ballaststoffe

DEM GESCHMACK AUF DER SPUR

Pasilla ist eine Chilisorte mit einem sehr ausgeprägten, unverwechselbaren Aroma, und schon die Zugabe einer kleinen Menge davon hebt schwarze Bohnen geschmacklich auf eine ganz neue Ebene. Der Name Pasilla kommt von pasa, dem spanischen Wort für Rosine, heißt also wörtlich Rosinchen, weil das runzelige Aussehen der ganzen getrockneten Schoten an eine langgezogene Rosine erinnert, aber auch, weil der pikante, etwas rauchige Geschmack dieser Chili einen süßlichen Unterton besitzt. Pasilla sind hierzulande eher schwer erhältlich, werden aber in speziellen Online-Shops angeboten. Gut verschlossen behalten sie – ob als ganze Schote oder gemahlen – ihre Kraft über Jahre, und Sie werden sie gerne für alle möglichen Gerichte verwenden.

CHIPOTLE-CHILIPÜREE: Chipotle-Chilipüree können Sie in Spezialgeschäften kaufen oder selbst herstellen. Den Inhalt einer oder mehrerer Dosen Chipotles in Adobo (siehe Glossar) in einen Mixer geben und glatt pürieren. In ein sauberes Vorratsglas füllen, dicht verschließen und mit einer dünnen Schicht Olivenöl bedecken, dann kann es im Kühlschrank ziemlich lange aufbewahrt werden.

Achtung: Das Auge isst mit! Und dieses Gericht ist ein Augen- und Gaumenschmaus. Laden Sie Freunde ein. Holen Sie Ihre Kamera hervor. Bei der Zubereitung ist etwas Geschick nötig, denn das Tempeh muss warm und knusprig sein, der Rest hingegen ist kalt und weich; aber Sie werden das schon schnell hinbekommen.

Avocado-Tempeh-Türmchen MIT PIKANTER CHILISAUCE

ERGIBT 4 PORTIONEN

- 4 **rote Gemüsepaprika**, geröstet (siehe Info-Kasten, Seite 51)
- 1 EL **Aleppo-Pfeffer** oder 1 TL **Cayennepfeffer**
- 2 **Knoblauchzehen**
- ½ TL **Meersalz**
- 3 EL **Leinöl**
- 2 reife, aber feste **Avocados**, in ca. 1,5 cm großen Würfeln
- 8 **Frühlingszwiebeln**, in dünne Scheiben geschnitten
- 2 frische **scharfe grüne Chilischoten**, fein gewürfelt
- 2 EL frisch gepresster **Zitronensaft**
- ¾ Tasse* **kaltgepresstes Kokosöl**
- 230 g **Tempeh**, in 1,5 cm großen Würfeln (siehe »Dem Geschmack auf der Spur«)
- 2 EL gehackte frische **Petersilie**, zum Garnieren

* Siehe Kochtipp der Redaktion S. 8.

Für die pikante Chilisauce 3 geröstete Gemüsepaprika zusammen mit dem Aleppo-Pfeffer, Knoblauch und ¼ TL Salz in einen Mixer geben. Bei laufendem Mixer das Leinöl zu der Mischung hinzugießen. In ein Kännchen oder eine kleine Dosierflasche füllen und zur Seite stellen.

Für die Türme die vierte geröstete Paprika in ca. 1,5 cm große Würfel schneiden und in eine mittelgroße Schüssel geben. Avocados, Frühlingszwiebeln, Chilischoten, Limettensaft und das restliche Salz hinzufügen. Behutsam durchrühren, damit die Avocadowürfel ganz bleiben.

Backofen auf 150 °C vorheizen. Einen Teller mit zwei Lagen Küchenpapier bereitstellen.

In eine kleine Kasserolle bei hoher Hitze das Kokosöl geben. Sobald das Öl heiß ist (190 °C), vorsichtig die Hälfte des Tempeh dazugeben. Behutsam umrühren, damit die Würfel von allen Seiten frittiert werden, bis das Tempeh leicht gebräunt ist. Mit einem Schaumlöffel herausnehmen und auf dem Küchenpapier abtropfen lassen. Zum Warmhalten das Tempeh auf ein mit Backpapier ausgelegtes Backblech legen. Mit dem übrigen Tempeh ebenso verfahren.

Einen Kochring (siehe Paläo-Tipp), 5 cm im Durchmesser und 10 cm hoch, in die Mitte eines Salattellers setzen. Tempeh aus dem Backofen nehmen und so flott es geht mit der Avocado-Mischung vermengen. Tempeh-Avocado-Mischung in den Kochring füllen, dabei behutsam festdrücken und Oberseite glattstreichen. Kochring vorsichtig abnehmen. Auf dieselbe Weise drei weitere Türmchen formen und Chilisauce drumherum verteilen. Mit Petersilie garnieren und sofort servieren.

Pro Portion: 352 Kalorien, 15 g Eiweiß, 28 g Fett (davon 5 g gesättigt), 21 g Kohlenhydrate, 526 mg Natrium, 258 mg Kalzium, 9 g Ballaststoffe
Anmerkung: Analyse berücksichtigt nicht das Öl zum Frittieren.

DEM GESCHMACK AUF DER SPUR

Tempeh ist der Name der aus Indonesien stammenden sehr eiweißreichen fermentierten Sojabohnenplatten. Es wird in der Kühlabteilung von Asia-Märkten und Bio-Läden angeboten, in der Regel in ca. 7,5 cm breiten, 12,5 cm hohen und 2 cm dicken Päckchen.

PALÄO-TIPP

Ein Kochring, erhältlich in den meisten Haushaltswarenabteilungen, ist ein einfaches Edelstahlband mit offenen Enden, mit dem sich Speisen in eine bestimmte Form bringen und ästhetisch ansprechend servieren lassen. Kochringe gibt es in verschiedenen Größen und Ausformungen, manche sind viereckig, dreieckig oder sechseckig. Wenn Sie keinen Kochring haben, suchen Sie in Ihren Schränken, was eine vergleichbare Form hat, etwa eine Ausstechform für Kekse oder eine saubere leere Konservendose, deren Boden Sie entfernt haben. Sollten auch diese Alternativen fehlen, formen Sie einfach in der Tellermitte ein hübsches kleines Häufchen. So hätten es unsere altsteinzeitlichen Vorfahren auch gemacht.

Aus ein paar Zutaten entsteht ein Gericht voller Aromen. Und flott geht es außerdem! Vielleicht wird es ja Ihr Lieblings-Tofu-auf-die-Schnelle-Rezept – das Zeug dazu hätte es.

Pikant duftender Tofu MIT ERDNÜSSEN

ERGIBT 4 PORTIONEN

3 Stängel **Zitronengras** (siehe »Dem Geschmack auf der Spur«)

¼ Tasse* salzarme **Tamari Sojasauce**

3 **Knoblauchzehen**, fein gehackt oder gepresst

2 frische **rote Thai- oder Serrano-Chilischoten**, fein gewürfelt

1 TL **Kurkumapulver**

1 TL **Palmzucker** (optional)

340 g **schnittfester Tofu**, in ca. 2,5 cm dicken Scheiben

2 EL **kaltgepresstes Kokosöl**

¼ geröstete **Erdnüsse**, grob gehackt

1 Tasse ganze frische **Basilikumblätter**, zusammengedrückt

* Siehe Kochtipp der Redaktion S. 8.

Von den Zitronengrasstängeln die Enden und die festen, faserigen und trockenen äußeren Schichten entfernen. Zitronengras fein hacken und in eine mittelgroße Schüssel geben. Tamari Sojasauce, Knoblauch, Chilischoten, Kurkuma und Palmzucker (optional) dazugeben und gut durchrühren.

Ein sauberes, einmal umgeschlagenes Küchenhandtuch auf der Arbeitsplatte ausbreiten und die Tofuscheiben darauf verteilen. Mit einem zweiten, ebenfalls umgeschlagenen Handtuch bedecken und darauf ein Schneidebrett legen. Mit einem Gewicht (ca. 500 g) beschweren und 20 Minuten warten, damit der Tofu sein Wasser verliert. Die Tofuscheiben aufeinanderlegen und in ca. 2,5 cm große Würfel schneiden. Zu der Zitronengrasmischung geben und behutsam durchrühren, bis alle Tofuwürfel gleichmäßig bedeckt sind. 1 Stunde lang marinieren.

Das Öl bei hoher Hitze in eine mittelgroße Kasserolle geben. Leicht hin- und herschwenken, bis sich das Öl gleichmäßig verteilt hat. Sobald das Öl sein Aroma freigibt, den Tofu und die Marinade hinzufügen. Behutsam wenden, damit der Tofu gleichmäßig brät (etwa 2 Minuten). Die Erdnüsse und die Hälfte des Basilikums dazugeben und vorsichtig vermengen. Vom Herd nehmen.

Sogleich den Tofu auf vier Schalen verteilen. Das restliche Basilikum darübergeben und sofort servieren.

Pro Portion: 245 Kalorien, 16 g Eiweiß, 19 g Fett (davon 9 g gesättigt), 5 g Kohlenhydrate, 365 mg Natrium, 116 mg Kalzium, 1 g Ballaststoffe

DEM GESCHMACK AUF DER SPUR

Zitronengras gehört, wie der Name nahelegt, zur Familie der Süßgräser und wächst schilfartig. Es ist in ganz Südostasien beliebt und entfaltet sein unverwechselbares zitroniges Aroma in den Küchen Myanmars, Kambodschas, Laos', Thailands, Vietnams, Malaysias und Indonesiens.

PALÄO-TRICK: Palmzucker entlockt den Chilis mehr Aroma und verleiht dem Gesamteindruck dieses Gerichts zusätzlichen Glanz. Er taucht hier als optional auf, weil das Gericht auch ohne ihn wohlschmeckend ist – doch warum nur wohlschmeckend, wenn ein einziger Teelöffel Palmzucker das Gericht exzellent werden lässt? Ihre Entscheidung.

Auf den ersten Blick werden Sie sich vielleicht fragen, ob es wirklich einen Grund gibt, eine solche Riesenmenge an Zwiebeln und anderen Allium-Arten in diesem einen Rezept unterzubringen. Doch wenn Sie den ersten Bissen genommen haben, dann wissen Sie warum. Die Reste sind aufgewärmt genauso köstlich, selbst wenn sie bis zu drei Tage im Kühlschrank waren. Linsen hatten es noch nie so gut…

Grüne Linsen MIT ALLIUM-GEMÜSE

ERGIBT 8 PORTIONEN

3 Tassen* **Puy-Linsen** (grüne Linsen)

¼ Tasse **natives Olivenöl extra**

1 große **Zwiebel**, gewürfelt

2 große **Schalotten**, gewürfelt

4 Stangen **Lauch**, gewürfelt (siehe Info-Kasten, Seite 57)

32 **Frühlingszwiebeln**, in Scheiben geschnitten

3 EL fein gehackte **Knoblauchzehen**

2 Tassen **Möhren**, gewürfelt

3 **Selleriestangen**, gewürfelt

9 Tassen **Wasser**

3 **Gemüsebrühwürfel** (ohne Salz)

1 TL **Meersalz**

3 **Lorbeerblätter**

* Siehe Kochtipp der Redaktion S. 8.

Linsen verlesen und evtl. vorhandene Erd- und Steinstückchen entfernen. Gründlich waschen und abgießen.

In eine große Kasserolle bei mittlerer Hitze zunächst Öl, dann die Zwiebel geben. Unter regelmäßigem Rühren anbraten, bis die Zwiebel weich ist und glasig wird (etwa 5 Minuten). Die Schalotten dazugeben und unter regelmäßigem Rühren weiterbraten, bis sie weich sind (etwa 4 Minuten). Lauch, Frühlingszwiebeln und Knoblauch dazugeben und unter regelmäßigem Rühren weiterbraten (etwa 4 Minuten). Möhren und Sellerie dazugeben und durchrühren, bis alle Zutaten gut vermischt sind. Unter regelmäßigem Rühren etwa 10 Minuten lang weiterbraten. Linsen hinzugeben und gut durchrühren. Wasser, den Brühwürfel (oder die entsprechende Menge lose Gemüsebrühe), Salz und die Lorbeerblätter hinzufügen und aufkochen lassen. Auf mittlere Hitze reduzieren und köcheln lassen, bis die Linsen weich sind (etwa 1 Stunde). Falls die Zugabe von Wasser nötig ist, um ein Austrocknen der Linsen zu verhindern, dafür kochendes Wasser verwenden. Heiß servieren.

Pro Portion: 382 Kalorien, 16 g Eiweiß, 7 g Fett (davon 1,5 g gesättigt), 45 g Kohlenhydrate, 353 mg Natrium, 128 mg Kalzium, 9 g Ballaststoffe

Es ist an der Zeit, den Sammler in Ihnen zu wecken. Machen Sie sich auf den Weg ins nächste asiatische Lebensmittelgeschäft oder auf den Markt und halten Sie Ausschau nach Austernpilzen und Baby Pak Choi, der Miniversion des normalen Pak Choi (Senfkohl) mit noch zarterem Geschmack. Und wenn Sie schon einmal im Asialaden sind, durchforsten Sie die Regale doch auch nach einer garnelenfreien Panang-Currypaste.

CURRY mit Austernpilzen und Baby Pak Choi

Siehe Abbildung gegenüber Seite 86

ERGIBT 4 PORTIONEN

450 g **Austernpilze**

230 g **Baby Pak Choi**

340 g **schnittfester Tofu**, in ca. 1,5 cm großen Würfeln (optional)

1 EL salzarme **Tamari Sojasauce** (optional)

2 EL **kaltgepresstes Kokosöl**

2 EL **Panang- oder rote Currypaste**

1 Dose (400 ml) vollfette **Kokosmilch**

½ Tasse* grob gehacktes frisches **Koriandergrün**

4 **Frühlingszwiebeln**, diagonal in dünne Scheiben geschnitten, zum Garnieren

* Siehe Kochtipp der Redaktion S. 8.

Die Austernpilze längs vierteln. Sehr kleine Pak-Choi ganz lassen oder längs vierteln; größere quer in etwa 1,5 cm dicke Scheiben schneiden.

Den Tofu mit der Tamari Sojasauce (beide optional) in einer mittelgroßen Schüssel behutsam vermischen. Zur Seite stellen.

Das Öl bei hoher Hitze in eine große Kasserolle geben. Leicht hin- und herschwenken, bis sich das Öl gleichmäßig verteilt hat. Austernpilze und Pak Choi dazugeben. Flott durchrühren, um ein Anbrennen zu verhindern, bis der Pak Choi zusammenfällt (etwa 1 Minute). Die Currypaste hinzufügen und durch Rühren verteilen. Kokosmilch hinzugeben und gut durchrühren, bis alle Zutaten gut miteinander vermengt sind. Aufkochen lassen, dann auf mittlere Hitze reduzieren und köcheln lassen, bis die Pilze weich sind (etwa 4 Minuten). Den Tofu, falls gewünscht, hinzugeben und weiterköcheln lassen, bis Gemüse und Tofu gleichmäßig warm sind (etwa 5 Minuten). Vom Herd nehmen und das Koriandergrün unterrühren.

Auf vier Schalen verteilen und großzügig mit den Frühlingszwiebeln garnieren. Sofort servieren.

Pro Portion: 241 Kalorien, 6 g Eiweiß, 18 g Fett (davon 16 g gesättigt), 14 g Kohlenhydrate, 428 mg Natrium, 217 mg Kalzium, 4 g Ballaststoffe

Ebenso wenig wie Tofu paläokonform ist, ist dieses Curry traditionell thailändisch. Aber sein geschmacklicher Reichtum wird ihre Gaumengelüste ganz sicher befriedigen. Achten Sie für das größtmögliche Aroma darauf, dass das Basilikum nicht locker eingefüllt, sondern so zusammengedrückt ist wie in der Zutatenliste verlangt.

Curry MIT ZWIEBELN UND GRÜNEN PAPRIKA

ERGIBT 4 PORTIONEN

450 g **schnittfester Tofu**, in ca. 1,5 cm großen Würfeln

1 EL salzarme **Tamari Sojasauce**

2 EL **kaltgepresstes Kokosöl**

2 große **Zwiebeln**, in ca. 2 cm großen Würfeln

2 große **grüne Gemüsepaprika**, in ca. 2 cm großen Würfeln

¼ TL **Meersalz**

3 EL **grüne oder rote Currypaste**

1 Dose (400 ml) vollfette **Kokosmilch**

1 Tasse* frische **Basilikumblätter**, zusammengedrückt

* Siehe Kochtipp der Redaktion S. 8.

Den Tofu mit der Tamari Sojasauce in einer mittelgroßen Schüssel behutsam vermischen. Zur Seite stellen.

Das Öl bei hoher Hitze in eine große Kasserolle geben. Leicht hin- und herschwenken, bis sich das Öl gleichmäßig verteilt hat. Zwiebeln dazugeben, regelmäßig und flott durchrühren, bis die Zwiebeln leicht zu bräunen beginnen (etwa 8 Minuten). Gemüsepaprika und Salz hinzufügen und unter regelmäßigem Rühren weiterbraten, bis die Paprika leicht zu bräunen und Blasen zu werfen beginnen. Die Currypaste hinzufügen und durch Rühren verteilen. Kokosmilch hinzugeben und gut durchrühren, bis alle Zutaten gut miteinander vermengt sind. Aufkochen lassen, dann auf mittlere Hitze reduzieren und für 4 Minuten köcheln lassen. Den Tofu hinzugeben und weiterköcheln lassen, bis Gemüse und Tofu gleichmäßig warm sind (etwa 5 Minuten). Vom Herd nehmen. Das Basilikum grob hacken und unterrühren.

Auf vier Schalen verteilen. Sofort servieren.

Pro Portion: 455 Kalorien, 19 g Eiweiß, 34 g Fett (davon 23 g gesättigt), 19 g Kohlenhydrate, 609 mg Natrium, 148 mg Kalzium, 3 g Ballaststoffe

Die Sauce in diesem Gericht ist sehr aromatisch und schmackhaft, aber nicht allzu pikant. Servieren Sie es zusammen mit klein gewürfelten Chilischoten in einem separaten Schälchen oder mit einer Flasche Sriracha-Sauce, wenn Ihre Gäste scharf auf feurige Erfahrungen sind.

Massaman-Curry MIT KAI-LAN UND ERDNÜSSEN

ERGIBT 4 PORTIONEN

1 EL **kaltgepresstes Kokosöl**

12 **Frühlingszwiebeln**, in Scheiben geschnitten

3 EL **Massaman- oder rote Currypaste**

1 EL kernlose **Tamarindenpaste** oder frisch gepresster **Limettensaft**

1 Dose (400 ml) vollfette **Kokosmilch**

680 g **Kai-lan** (Blattgemüse), quer in 2,5 cm lange Stücke geschnitten (siehe »Dem Geschmack auf der Spur«)

1 Tasse rohe **Erdnüsse**

Das Öl bei hoher Hitze in eine große Kasserolle geben. Leicht hin- und herschwenken, bis sich das Öl gleichmäßig verteilt hat. Die Frühlingszwiebeln dazugeben und unter flottem Rühren etwa 1 Minute anbraten. Die Curry- und die Tamrindenpaste hinzufügen und durch Rühren verteilen. Kokosmilch und Kai-lan hinzugeben und gut durchrühren, bis alle Zutaten gut miteinander vermengt sind. Aufkochen lassen, dann auf mittlere Hitze reduzieren, die Erdnüsse dazugeben und etwa 4 Minuten köcheln lassen.

Auf vier Schalen verteilen. Sofort servieren.

Pro Portion: 507 Kalorien, 14 g Eiweiß, 42 g Fett (davon 21 g gesättigt), 24 g Kohlenhydrate, 441 mg Natrium, 250 mg Kalzium, 9 g Ballaststoffe

DEM GESCHMACK AUF DER SPUR

Kai-lan, auch als chinesischer Brokkoli bekannt, ist ein asiatisches Kohlgemüse. Er ist eng verwandt mit Brokkoli, doch sind die Blütenteile weniger ausgeprägt, die Stiele dünner und die Blätter größer. Alle drei Teile des Gemüses werden zubereitet.

KAPITEL 9

Das Herz der paläo-veganen Küche

Gemüse

Für unsere altsteinzeitlichen Vorfahren wie für alle klugen Köpfe der Menschheitsgeschichte bildete (und bildet!) Gemüse den Mittelpunkt ihrer Ernährung. Dieses schnell und ohne viel Mühe zubereitete Gericht ist ein Beispiel dafür. Sein spannender Charakter verdankt es zum Teil dem starken Aroma der gerösteten Paprika. Achten Sie unbedingt darauf, dass die Kohlblätter nicht zu lange kochen, sie sollten ihr leuchtendes Grün behalten.

Grünkohl MIT PAPRIKA

Siehe Abbildung gegenüber Seite 71

ERGIBT 4 PORTIONEN

- 1 großer Bund **Grünkohl** (etwa 8 Blätter)
- 2 EL **natives Olivenöl extra**
- 2 **Knoblauchzehen**, fein gehackt oder gepresst
- ½ TL **Chiliflocken**
- ¼ TL **Meersalz**
- 2 **rote Gemüsepaprika**, geröstet (siehe Info-Kasten, Seite 51) und in ca. 1,5 cm große Stücke geschnitten
- **Schwarzer Pfeffer** aus der Mühle

Grünkohlblätter von den Mittelrippen trennen und in kleine Stücke reißen. Einen großen Topf zu etwa zwei Dritteln mit gesalzenem Wasser füllen und auf hoher Stufe zum Kochen bringen. Den Grünkohl dazugeben und dabei mit einem Löffel hinunterdrücken, so dass er vom Wasser bedeckt ist. Kochen, bis die Kohlblätter zart sind (etwa 3 Minuten), und in ein Sieb abgießen. Mit der Rückseite des Löffels so viel Kochwasser wie möglich ausdrücken.

In eine mittelgroße Kasserolle bei mittlerer Temperatur Öl, Knoblauch, Chiliflocken und Salz geben. Sobald der Knoblauch und die Chiliflocken zu brutzeln beginnen, flott durchrühren, um ein Anbrennen zu verhindern. Die gerösteten Gemüsepaprika hinzugeben und durchrühren, bis sie gleichmäßig mit Öl bedeckt sind. Unter gelegentlichem Rühren 2 Minuten lang weiterbraten. Grünkohl dazugeben und gut durchrühren, bis alle Zutaten gut miteinander vermengt sind. Bei hoher Hitze unter ständigem Rühren köcheln lassen, bis der Kohl gleichmäßig warm ist. Mit Pfeffer abschmecken. Sofort servieren.

Pro Portion: 177 Kalorien, 7 g Eiweiß, 8 g Fett (davon 1 g gesättigt), 23 g Kohlenhydrate, 228 mg Natrium, 280 mg Kalzium, 5 g Ballaststoffe

Violette Süßkartoffeln besitzen noch einen ziemlichen Exotenstatus. Geschmacklich unterscheiden sie sich kaum von der wohlbekannten orangefleischigen Sorte, aber ihre Farbe ist der Hammer. In diesem Rezept werden die Süßkartoffeln zusammen mit dem anderen Gemüse gekocht, wodurch ihre Konsistenz fester bleibt als beim Braten. Wenn Sie keine violetten Süßkartoffeln bekommen können, nehmen Sie orangefarbene, das Gericht schmeckt in jeder Farbe köstlich.

Violette Süßkartoffeln MIT FRÜHLINGSZWIEBELN UND INGWER

ERGIBT 4 PORTIONEN

- 2 EL **kaltgepresstes Kokosöl**
- 1½ Tassen* **rote Zwiebeln**, gewürfelt
- 4 frische **rote oder grüne Chilischoten**, fein gewürfelt
- 4 **Knoblauchzehen**, fein gehackt oder gepresst
- 3 Tassen **Frühlingszwiebeln**, in Scheiben geschnitten
- 2 EL geschälter, frisch geriebener **Ingwer**
- 3 Tassen **violettfleischige** oder **andere Süßkartoffeln**, gewürfelt
- ¼ TL **Meersalz**
- 1⅓ Tassen vollfette **Kokosmilch**
- 2 EL frisch gepresster **Limettensaft**

* Siehe Kochtipp der Redaktion S. 8.

In eine große Kasserolle bei mittlerer Hitze zunächst das Öl geben. Sobald es schmilzt, die Zwiebeln dazugeben. Unter regelmäßigem Rühren 2 Minuten lang anbraten. Chilis und Knoblauch dazugeben und unter regelmäßigem Rühren 1 Minute lang weiterbraten, ebenso mit den Frühlingszwiebeln und dem Ingwer verfahren. Süßkartoffeln in die Kasserolle geben, salzen und unter gelegentlichem Rühren weiterbraten, bis das Gemüse fast trocken ist (etwa 4 Minuten). Kokosmilch hinzugeben, mengen und aufkochen lassen, dann auf mittlere Hitze reduzieren und unter regelmäßigem Rühren bedeckt köcheln lassen, bis die Süßkartoffeln weich sind (etwa 7 Minuten). Vom Herd nehmen und den Limettensaft einrühren. Sofort servieren.

Pro Portion: 373 Kalorien, 6 g Eiweiß, 19 g Fett (davon 19 g gesättigt), 42 g Kohlenhydrate, 183 mg Natrium, 225 mg Kalzium, 7 g Ballaststoffe

Lassen Sie sich nicht von dem ersten Eindruck in die Irre führen. Die geschmackliche Tiefe und der Reichtum der Artischocke kommen in keiner der aufwändigen anderen Zubereitungen besser zur Geltung als in unserer einfachen. Hat man erst einmal die Vorbereitung hinter sich gebracht, ist die gebackene Artischocke rasch zubereitet. Sie werden vielleicht niemals wieder Artischocken kochen oder dünsten wollen.

GEBACKENE Artischocken

ERGIBT 4 PORTIONEN

- 1 **Zitrone** (unbehandelt), halbiert
- 4 große **Artischocken**
- 2 EL **natives Olivenöl extra**
- ¼ TL **Meersalz**
- ¼ TL **Pfeffer** aus der Mühle
- 2 TL gehackte frische **Petersilie**, zum Garnieren

Sehen Sie, wie man eine Artischocke vorbereitet.
youtu.be/bTvhOyDFVmQ

Backofen auf 190 °C vorheizen.

Zitrone auspressen und den Saft durch ein feinmaschiges Sieb in eine mittelgroße Schüssel geben, Schalen aufheben.

Wir brauchen nur das Artischockenherz, dafür entfernen Sie die unteren dunklen Blätter vom Stiel bis zur Mitte, bis die hellen, zarten inneren Blätter freiliegen. Die Spitze der Artischocke abschneiden (etwa ⅔) und den Stiel entfernen, mit einem Messer das dunkelgrüne Äußere komplett entfernen, das Heu mit einem Teelöffel auskratzten und das Artischockenherz mit der Zitrone einreiben, um eine Verfärbung zu verhindern. Das Artischockenherz in das Zitronenwasser legen. Genauso mit den übrigen drei Artischocken verfahren. Öl, Salz und Pfeffer einrühren und gut mit den Artischockenstücken vermischen.

In eine Backform, die alle Stücke bequem in einer Lage fasst, die Artischocken zusammen mit der Zitronensaft-Mischung geben. Im Backofen auf mittlerer Schiene 20 Minuten lang backen. Artischocken wenden und für weitere 20 Minuten backen, bis sie zart und leicht gebräunt sind.

Die Artischocken auf einer Servierschale anrichten und den Saft darüberträufeln. Mit der Petersilie garnieren.

Pro Portion: 157 Kalorien, 4 g Eiweiß, 7 g Fett (davon 1 g gesättigt), 22 g Kohlenhydrate, 256 mg Natrium, 61 mg Kalzium, 11 g Ballaststoffe

Dieses Gericht ist so schlicht wie ein ganz normales Abendessen und zugleich ein kleines Küchenkunststück, das man gerne seinen Gästen anbietet. Trotz seiner Aromenkomplexität geht die Zubereitung recht mühelos vonstatten.

GEFÜLLTER Eichelkürbis

ERGIBT 4 PORTIONEN

2 **Eichelkürbisse**

4 EL **Gemüsebrühe** (ohne Salz)

½ TL **Meersalz**

¼ TL **schwarzer Pfeffer** aus der Mühle

2 EL **natives Olivenöl extra**

⅔ Tasse* **Zwiebel**, gewürfelt

½ Tasse **Lauch**, gewürfelt, nur der weiße Teil (siehe Info-Kasten, Seite 57)

1½ Tassen **Rotkohl**, gewürfelt

3 Tassen **Römersalat**, gewürfelt

1 **Kochapfel**, gewürfelt

½ TL **Baharat** (siehe »Dem Geschmack auf der Spur«) oder gemahlener Piment

1 Tasse ganze **Pekannüsse**

2 EL **Korinthen**

2 EL gehackte frische **Petersilie** (optional)

Schale von 1 **Zitrone** (unbehandelt)

* Siehe Kochtipp der Redaktion S. 8.

Backofen auf 190 °C vorheizen.

Die Kürbisse längs halbieren, mit einem Löffel die Kerne und Fäden herausschaben und wegwerfen. Die Kürbisse mit der Schnittfläche nach oben in eine Auflaufform legen und in jede Aushöhlung 1 EL Gemüsebrühe geben. Kürbisse mit der Hälfte des Salzes und des Pfeffers bestreuen. Die Auflaufform verschließen. Falls die Form keinen Deckel hat, die Kürbisse mit einer Lage Backpapier bedecken, um sie feucht zu halten. Eine Stunde lang, oder bis die Kürbisse zart sind, garen. Backofentemperatur auf 150 °C reduzieren.

In eine große Kasserolle bei mittlerer Hitze zunächst Öl, dann die Zwiebeln und den Lauch geben. Unter regelmäßigem Rühren 2 Minuten lang anbraten. Den Rotkohl dazugeben und unter regelmäßigem Rühren 4 Minuten lang weiterbraten. Den Römersalat dazugeben und unter regelmäßigem Rühren 3 Minuten lang weiterbraten. Apfel, Baharat und das restliche Salz und Pfeffer hinzugeben und gut durchrühren. Unter regelmäßigem Rühren weiterkochen, bis das Gemüse zart ist (etwa 10 Minuten). Vom Herd nehmen und die Pekannüsse, Korinthen, 1 El Petersilie (optional) und Zitronenschale einrühren.

Die Gemüsemischung zu kleinen Häufchen geschichtet in die Aushöhlungen der vier Kürbishälften verteilen. Vorsichtig festdrücken. Die Kürbisse wieder in den Backofen stellen, bis sie heiß sind (etwa 15 Minuten). Mit der restlichen Petersilie garnieren und sofort servieren.

Pro Portion: 421 Kalorien, 6 g Eiweiß, 27 g Fett (davon 3 g gesättigt), 47 g Kohlenhydrate, 304 mg Natrium, 167 mg Kalzium, 15 g Ballaststoffe

DEM GESCHMACK AUF DER SPUR

Baharat ist eine Gewürzmischung und eine Grundzutat der Küche des Irak und der Golfstaaten. Sie enthält schwarzen Pfeffer, Kardamomsamen, Zimt, Gewürznelken, Koriandersamen, Kreuzkümmel, Muskatnuss und Paprika. Baharat verleiht Speisen eine strahlende, orientalische Note. Erhältlich ist es in arabischen Lebensmittelläden, Spezialitätengeschäften und Online-Shops.

Kürbis, Tomate und Basilikum sind ohnehin eine himmlische Kombination, und die Ergänzung um eine mit Cashew-Creme angereicherte fantastische Sauce erhebt dieses Gericht in höchste Sphären. Servieren Sie es in einem schlichten Suppenteller – eine perfekte Inszenierung für Ihre Gäste!

Patisson-Kürbis MIT CREMIGER TOMATEN-BASILIKUM-SAUCE

ERGIBT 4 PORTIONEN

½ Tasse* rohe **Cashew-Kerne**

¼ Tasse **Wasser** (falls nötig mehr)

1 EL **natives Olivenöl extra**

570 g **Baby Patisson-Kürbisse**, in mundgerechte Spalten geschnitten

½ TL **Meersalz**

⅛ TL **schwarzer Pfeffer** aus der Mühle

1 Tasse **passierte Tomaten** (ohne Salz)

1 Tasse grob gehacktes frisches **Basilikum**

* Siehe Kochtipp der Redaktion S. 8.

Für die Creme die Cashew-Kerne in eine kleine Schüssel geben und etwa 2,5 cm hoch mit kochendem Wasser bedecken. 1 Stunde ziehen lassen. Cashew-Kerne abgießen und abspülen und mit ¼ Tasse Wasser in einen Mixer geben. Glatt pürieren; ggf. zwischendurch 1 EL Wasser hinzufügen, falls die Mischung zu trocken ist. Cashew-Creme in eine kleine Schüssel füllen und zur Seite stellen.

In eine mittelgroße Kasserolle bei mittlerer Hitze zunächst Öl, dann die Kürbisse geben. Flott durchrühren, bis die Kürbisse mit Öl überzogen sind (etwa 1 Minute). Salz und Pfeffer dazugeben und gut durchrühren. Unter regelmäßigem Rühren bedeckt kochen lassen, bis die Kürbisse zart sind und zu bräunen beginnen (etwa 10 Minuten). Passierte Tomaten dazugeben und gut durchrühren. Cashew-Creme hinzugeben und gut durchrühren. Falls die Mischung sehr dickflüssig ist, 1 oder 2 EL Wasser hinzufügen, bis die gewünschte Konsistenz erreicht ist. Unter regelmäßigem Rühren aufkochen lassen. Basilikum hinzugeben und durchrühren. Vom Herd nehmen und sofort servieren.

Pro Portion: 123 Kalorien, 3 g Eiweiß, 7 g Fett (davon 1 g gesättigt), 14 g Kohlenhydrate, 300 mg Natrium, 26 mg Kalzium, 5 g Ballaststoffe

Für den Grill sind Portobello-Pilze (braune Champignons) bei Weitem die beste vegetarische Wahl. Ihr Fleisch bleibt schön fest und gewinnt durch das Grillen eine unvergleichlich rauchige Note. Für dieses Gericht werden sie flankiert von einer moderat scharfen ebenfalls rauchigen Sauce, die gemeinsam mit den Cashew-Kernen besonders cremig ist und die wilde Seite dieser Pilze zum Vorschein bringt.

Gegrillte Portobello-Pilze MIT RAUCHIGER LIMETTENCREME

ERGIBT 4 PORTIONEN

- 1 Tasse* rohe **Cashew-Kerne**
- 3 EL frisch gepresster **Limettensaft**
- 1½ TL **Aleppo-Pfeffer** oder ½ TL **Cayennepfeffer**
- ½ TL **spanisches geräuchertes Paprikapulver**
- ½ TL **Meersalz**
- ¼ Tasse **natives Olivenöl extra**
- 1 EL gehackter frischer **Oregano**
- 4 **Portobello-Pilze**, ohne Stiel
- ¼ TL **schwarzer Pfeffer** aus der Mühle

* Siehe Kochtipp der Redaktion S. 8.

Für die Creme zunächst die Cashew-Kerne in eine Schüssel geben und ca. 2,5 cm hoch mit kochendem Wasser bedecken. 1 Stunde ziehen lassen. Cashew-Kerne abgießen und abspülen. Mit dem Limettensaft, Aleppo-Pfeffer, Paprikapulver und ¼ TL Salz in einen Mixer geben. Glatt pürieren; ggf. 1 TL Wasser hinzufügen, damit die Mischung zu einer cremigen Sauce wird – sie wird später über die Pilze geträufelt. In ein Kännchen füllen und zur Seite stellen.

Backofen auf 150 °C vorheizen.

In der Zwischenzeit den Grill vorbereiten. Bei Verwendung eines Holzkohlegrills sollten die Kohlen richtig durchgeglüht sein; bei einem Elektrogrill, diesen rechtzeitig auf sehr hoher Stufe vorheizen. Öl und Oregano in einer kleinen Schüssel gut miteinander verquirlen. Die Pilze auf beiden Seiten mit der Ölmischung einpinseln. Mit dem restlichen Salz und dem Pfeffer würzen und mit der Stielseite nach unten auf den Rost legen. Deckel des Grills schließen und die Pilze 2 Minuten lang garen lassen. Wenden und von der anderen Seite grillen, bis sich in den Pilzhüten Flüssigkeit gesammelt hat. Pilze vorsichtig auf ein Schneidebrett setzen; die ausgetretene Flüssigkeit in ein ofenfestes Schälchen gießen. Mit einem Deckel dicht verschließen und zum Warmhalten in den Backofen stellen.

Jeden Portobello längs in ca. 1,5 cm dicke Scheiben schneiden. Mit einem Spatel die Pilze auf vier Teller verteilen und die Scheiben leicht auffächern. Zuerst die Pilzflüssigkeit über die Scheiben löffeln, dann die rauchige Limettencreme-Sauce in einem dekorativen Muster darüberträufeln. Sofort servieren.

Pro Portion: 242 Kalorien, 6 g Eiweiß, 20 g Fett (davon 3 g gesättigt), 12 g Kohlenhydrate, 285 mg Natrium, 12 mg Kalzium, 3 g Ballaststoffe

Es braucht nicht mehr als die Zugabe von gerösteten Haselnüssen und etwas peppigem Gewürz, dass der Butternusskürbis (auch Birnenkürbis) zu etwas Außergewöhnlichem wird. Die Nüsse bringen in das Gericht einen unerwarteten Biss, der so verlockend ist, dass man gar nicht mehr mit dem Essen aufhören mag. Und der Aleppo-Pfeffer verbindet sich mit dem Piment zu einem geheimnisvollen, kaum fassbaren nahöstlichen Erlebnis.

Butternusskürbis MIT HASELNÜSSEN

Siehe gegenüberliegende Seite

ERGIBT 4 PORTIONEN

- 1 mittelgroßer **Butternusskürbis** (etwa 1600 g)
- 1 TL **kaltgepresstes Kokosöl**
- ¼ Tasse* **Leinöl**
- ½ TL gemahlener **Piment**
- ¼ TL **Meersalz**
- ¼ TL **schwarzer Pfeffer** aus der Mühle
- ¼ TL **Aleppo-Pfeffer** (optional; siehe »Dem Geschmack auf der Spur«)
- 1 Tasse **Hasselnüsse**, geröstet, geschält und halbiert (siehe Info-Kasten, Seite 73)
- 1 EL klein geschnittener frischer **Schnittlauch**, zum Garnieren

* Siehe Kochtipp der Redaktion S. 8.

Backofen auf 200 °C vorheizen.

Die Kürbisse längs halbieren. Ein Blatt Backpapier mit dem Kokosöl bestreichen und die Kürbisse mit der Schnittfläche nach unten auf das Backpapier legen. 45 Minuten lang garen. Backofentemperatur auf 160 °C reduzieren und für weitere 30 Minuten garen. Mit einem Löffel die Kerne herausschaben und wegwerfen. Das Kürbisfleisch in eine große Schüssel geben und mit einem Kartoffelstampfer oder einem Silikonspatel zerdrücken. Leinöl, Piment, Salz, Pfeffer und Aleppo-Pfeffer (optional) hinzufügen und gründlich durchrühren. Eine ¾ Tasse Haselnüsse in die Kürbismischung einrühren, bis sie sich gleichmäßig verteilt haben.

Den Kürbis auf vier Tellern verteilen. Mit den restlichen Haselnüssen bestreuen und mit dem Schnittlauch garnieren. Sofort servieren.

Pro Portion: 500 Kalorien, 8 g Eiweiß, 36 g Fett (davon 4 g gesättigt), 47 g Kohlenhydrate, 155 mg Natrium, 206 mg Kalzium, 10 g Ballaststoffe

DEM GESCHMACK AUF DER SPUR

Aleppo-Pfeffer bringt eine sehr komplexe Note in dieses Gericht. Ist er nicht zur Hand, genügt für die richtige Schärfe der weniger exotische Cayennepfeffer.

Butternusskürbis mit Haselnüssen, *Seite 122*

Haselnuss-Schokoladenbruch, *Seite 140*

Die Klettenwurzel ist als Lebensmittel nicht sehr bekannt, angeboten wird sie vor allem von auf Makrobiotik spezialisierten Läden und Online-Shops. Vielleicht hängt dies auch mit ihrem skurrilen Äußeren zusammen, denn sie wirkt wie eine lange, leicht welke und mit Dreck überzogene Möhre. Doch geputzt und kurzgebraten ist sie ganz zart in ihrem Geschmack, der seinesgleichen sucht. Für dieses Gericht werden Klettenwurzeln und Topinambur (siehe »Dem Geschmack auf der Spur«, Seite 61) langsam geröstet und dann zusammen püriert. Das Ergebnis ist unvergleichlich rustikal, gleichzeitig rau und weich.

PÜREE AUS Klettenwurzel und Topinambur

ERGIBT 4 PORTIONEN

680 g **Klettenwurzel**, geputzt, geschält und in dünne Scheiben geschnitten

450 g **Topinambur**, geschält und in Scheiben geschnitten

½ Tasse* **Gemüsebrühe** (ohne Salz)

2 EL salzarme **Tamari Sojasauce**

7 **Knoblauchzehen**, in Scheiben geschnitten

¼ TL **Meersalz**

¼ TL **schwarzer Pfeffer** aus der Mühle

¼ Tasse **Leinöl** (optional)

1 EL gehackte frische **Petersilie**, zum Garnieren

* Siehe Kochtipp der Redaktion S. 8.

Backofen auf 190 °C vorheizen.

Klettenwurzel, Topinambur, Gemüsebrühe, Tamari Sojasauce, Knoblauch, Salz und Pfeffer in eine ofenfeste Form geben und gründlich miteinander vermengen. Ein Stück Backpapier zuschneiden, das ca. 2,5 cm über den Rand der Form herausragt, und es auf das Gemüse legen, leicht andrücken. (Das Backpapier wirkt im Ofen der Verdunstung entgegen und hilft das Gemüse feucht zu halten.) Die Form mit einem Deckel oder Alufolie dicht verschließen und in den Backofen stellen. Etwa 1½ Stunden, oder bis das Gemüse ganz zart ist, garen (die Klettenwurzel wird leicht faserig bleiben). Alle 20 Minuten kontrollieren, ob noch genug Brühe vorhanden ist, damit das Gemüse nicht anbrennt. Falls nötig, zwischendurch esslöffelweise Wasser hinzugeben; gegen Ende der Garzeit regelmäßig kontrollieren.

Das Gemüse in einen Mixer geben und glatt pürieren. Für ein sehr feines Püree mit einem festen Silikonspatel die Masse durch ein feinmaschiges Sieb streichen. Das Püree in einen mittelgroßen Topf füllen und aufwärmen (etwa 3 bis 5 Minuten). Falls es zu flüssig ist, die Temperatur erhöhen und das Püree eindicken lassen; dabei ständig umrühren, um ein Anbrennen zu verhindern. Vom Herd nehmen und, falls gewünscht, Öl einrühren. Mit der Petersilie garnieren und sofort servieren.

Pro Portion: 219 Kalorien, 6 g Eiweiß, 0 g Fett (davon 0 g gesättigt), 51 g Kohlenhydrate, 595 mg Natrium, 102 mg Kalzium, 7 g Ballaststoffe

Haben Sie schon bemerkt, dass die Form der Fenchelknollen durchaus an den Körper von Frauen oder Männern erinnern kann? Die einen sind flacher und dünner, die anderen runder und fleischiger. Wählen Sie, wenn möglich, für dieses Gericht ‚weibliche' Knollen. Fenchelpüree passt ausgezeichnet zu Wildpilzen und zu allen gegrillten oder gerösteten Speisen, und das hört sich für mich wie eine klassische Paläo-Kombination an.

Fenchelpüree

ERGIBT 4 PORTIONEN

- 4 große **Fenchelknollen**, mit Fenchelgrün
- ½ Tasse* **Leinöl**
- 2 Tassen **Wasser**
- 2 EL **Absinth** oder **Pernod** (optional; siehe »Dem Geschmack auf der Spur«)
- 1 EL frisch gepresster **Zitronensaft**
- ¼ TL **Meersalz**
- **Schwarzer Pfeffer** aus der Mühle
- 1 EL grob gehacktes **Fenchelgrün**, zum Garnieren

* Siehe Kochtipp der Redaktion S. 8.

Einen großen Topf zu etwa zwei Dritteln mit gesalzenem Wasser füllen und auf hoher Stufe zum Kochen bringen. In der Zwischenzeit das Fenchelgrün von der Knolle abschneiden und in einem Sieb abspülen. Einen Teil grob hacken, ca. 1 EL, und zur Seite stellen. Das übrige Fenchelgrün in das kochende Wasser geben. Einmal umrühren, abgießen und unter laufendem kalten Wasser abkühlen. Das Fenchelgrün in Küchenpapier einwickeln und so viel Wasser wie möglich ausdrücken. Fenchelgrün in einen Mixer geben und das Leinöl hinzufügen. Auf hoher Stufe vermischen, bis das Öl einen leuchtend grünen Farbton hat (etwa 2 Minuten). Das Öl in ein Kännchen füllen.

Von den Fenchelknollen die Stiele abschneiden und für eine andere Verwendung aufheben oder wegwerfen. Verfärbte und unschöne Stellen von den Knollen wegschneiden, dann grob hacken. Den Fenchel in eine große Kasserolle legen und das Wasser, Absinth (optional), Zitronensaft und Salz hinzugeben. Aufkochen lassen. Auf mittlere Hitze reduzieren und bedeckt köcheln lassen, bis das Wasser aufgesogen und der Fenchel sehr weich ist (etwa 25 Minuten). Das Wasser nicht vollständig verkochen lassen, sonst brennt der Fenchel an. Falls nötig, zwischendurch esslöffelweise Wasser hinzugeben, öfter kontrollieren. Vom Herd nehmen und in eine Küchenmaschine geben. Glatt pürieren. Das Püree in die Kasserolle füllen und vor dem Servieren bei mittlerer Hitze aufwärmen, bis es heiß ist (etwa 3 bis 5 Minuten). Falls es zu flüssig ist, das Püree eindicken lassen; dabei ständig umrühren, um ein Anbrennen zu verhindern (etwa 5 Minuten).

Das Püree auf vier Teller verteilen und jeweils zu einem kleinen Häufchen formen. Leicht abflachen und jeweils 1 EL des mit dem Fenchelgrün aromatisierten Leinöls darüberträufeln. Mit einem Stäbchen oder einer Messerspitze das Öl in dekorativen Mustern verlaufen lassen. Mit dem restlichen gehackten Fenchelgrün garnieren und sofort servieren.

Pro Portion: 333 Kalorien, 3 g Eiweiß, 28 g Fett (davon 3 g gesättigt), 20 g Kohlenhydrate, 262 mg Natrium, 115 mg Kalzium, 7 g Ballaststoffe

DEM GESCHMACK AUF DER SPUR

Absinth wird aus Anis, Fenchel und anderen Kräutern destilliert und bringt zusätzliches Fenchelaroma in dieses Gericht, außerdem den leicht bitteren Geschmack von Wermut, einer verdauungsfördernden Heilpflanze. Pernod ist eine Anisspirituose, die u.a. mit Fenchelessenz gewürzt wird und hier den Fenchelgeschmack kräftig verstärkt. Von den beiden ist Absinth vorzuziehen, doch mit Pernod lässt sich gewiss eine adäquate Wirkung erzielen.

Wildpilze sammeln macht Freude. Sie zu säubern macht allerdings ganz schön viel Arbeit. Wenn man dabei nicht sorgfältig genug ist, kann schon ein klitzekleines Steinchen den späteren Genuss verderben. Außerdem muss man natürlich aufpassen, dass man das zarte Fleisch der Pilze nicht beschädigt. Doch hat man einmal das Putzen hinter sich gebracht, ist der Rest ein Kinderspiel. Erledigt. Und erst der Genuss, der einen dann erwartet! Nichts kann sich mit dem Aroma frischer, kurzgebratener Wildpilze vergleichen.

KURZGEBRATENE Wildpilze

ERGIBT 4 PORTIONEN

900 g **gemischte Wildpilze**, z.B. Morcheln, Steinpilze, Pfifferlinge, Shiitake, Maitake usw.

3 EL **natives Olivenöl extra**

½ TL **Meersalz**

½ TL **schwarzer Pfeffer** aus der Mühle

1 Tasse* **Frühlingszwiebeln**, in dünne Scheiben geschnitten

1 EL frisch gepresster **Zitronensaft**

* Siehe Kochtipp der Redaktion S. 8.

Die Pilze behutsam, aber gründlich waschen und sorgfältig verbliebenen Schmutz entfernen, dabei möglichst nicht quetschen oder zerreißen. Auf einem sauberen Küchenhandtuch trocknen lassen.

In eine große Kasserolle bei hoher Hitze zunächst das Öl, dann die Pilze geben. Gründlich durchrühren, bis an allen Pilzen Öl haftet. Bedeckt braten lassen, bis die Pilze anfangen, Flüssigkeit abzugeben (etwa 1 bis 2 Minuten). Den Deckel abnehmen und mit Salz und Pfeffer würzen. Unter öfterem Umrühren weiterbraten, bis die Flüssigkeit verkocht ist und die Pilze braun zu werden beginnen (etwa 5 Minuten). Die Frühlingszwiebeln hinzugeben und kurz durchrühren, bis sie weich werden. Vom Herd nehmen und gründlich den Zitronensaft einrühren. Sofort servieren.

Pro Portion: 188 Kalorien, 5 g Eiweiß, 10 g Fett (davon 1 g gesättigt), 24 g Kohlenhydrate, 285 mg Natrium, 18 mg Kalzium, 5 g Ballaststoffe

Palmkohl (Schwarzkohl) ist die ideale Kohlsorte für dieses Gericht. In der Kombination mit dem Olivenöl und den Oliven bekommen seine ohnehin zarten Blätter eine seidige Weichheit und eine wunderbare Saftigkeit.

Palmkohl MIT CHILI, KNOBLAUCH UND SCHWARZEN OLIVEN

ERGIBT 4 PORTIONEN

450 g **Palmkohlblätter**, mittlere Blattrippen entfernt

4 EL **natives Olivenöl extra**, evtl. etwas mehr zum Beträufeln

2 **Knoblauchzehen**, in dünnen Scheiben

½ TL **Chiliflocken** (falls gewünscht mehr)

½ Tasse* **ganze, schwarze Oliven** mit Stein der Sorte Niçoise (Nizza-Olive) oder Taggiasca (siehe »Dem Geschmack auf der Spur«)

Meersalz

Schwarzer Pfeffer aus der Mühle

* Siehe Kochtipp der Redaktion S. 8.

Palmkohlblätter in Stücke reißen, jeweils nicht länger als 10 cm. Einen großen Topf zu etwa zwei Dritteln mit gesalzenem Wasser füllen und auf hoher Stufe zum Kochen bringen. Den Palmkohl dazugeben und dabei mit einem Löffel hinunterdrücken, so dass er vom Wasser bedeckt ist. Kochen, bis die Kohlblätter zart sind (etwa 3 Minuten), und in ein Sieb abgießen. Mit der Rückseite des Löffels so viel Kochwasser wie möglich ausdrücken.

In eine mittelgroße Kasserolle bei mittlerer Temperatur Öl, Knoblauch, Chiliflocken und Salz geben. Sobald der Knoblauch und die Chiliflocken zu brutzeln beginnen, die Oliven hinzugeben und flott durchrühren, um ein Anbrennen zu verhindern. Wenn der Knoblauch glasig zu werden beginnt, den Palmkohl dazugeben und gut durchrühren, bis alle Zutaten gut miteinander vermengt sind. Bei hoher Hitze unter ständigem Rühren köcheln lassen, der Kohl sollte gleichmäßig warm sein (etwa 3 bis 5 Minuten). Vom Herd nehmen. Mit Salz und Pfeffer abschmecken.

Auf vier Teller verteilen und zusammen mit einem Kännchen Olivenöl sofort servieren.

Pro Portion: 203 Kalorien, 4 g Eiweiß, 14 g Fett (davon 2 g gesättigt), 11 g Kohlenhydrate, 47 mg Natrium, 18 mg Kalzium, 2 g Ballaststoffe

DEM GESCHMACK AUF DER SPUR

Können Sie keine Nizza- oder Taggiasca-Oliven bekommen oder haben Sie gerade keine zur Hand, versuchen Sie es alternativ mit den leichter erhältlichen Kalamata-Oliven. Sie sind größer, aber ebenfalls von ansprechender Farbe und exzellentem Geschmack. Für dieses Rezept werden ganze Oliven mit Stein verlangt, und auch wenn unsere steinzeitlichen Vorfahren die Kerne einfach ins Feuer spuckten: Sie sollten als Zeichen gastgeberischer Höflichkeit zu jedem Gedeck auch ein kleines Schälchen für die Olivenkerne platzieren.

Vielleicht haben Sie die amerikanische Redewendung ‚eat the rainbow' schon einmal gehört, zumindest ist sie bestens dazu geeignet, an die ganze Bandbreite bunten Gemüses zu erinnern, das uns eine Menge essentieller Nährstoffe und wertvoller sekundärer Pflanzenstoffe liefert. Ich würde noch hinzufügen, dass man ebenfalls das ganze Spektrum der fünf Geschmacksrichtungen erfahren sollte: süß, sauer, salzig, bitter und umami – Letzteres ist japanisch und bedeutet grob übersetzt wohlschmeckend. Und ja, auch der von vielen Menschen gemiedene bittere Geschmack ist nicht zu unterschätzen. Ein im doppelten Wortsinn reizendes Gericht bietet Ihnen nun die Gelegenheit, diese spezielle Geschmacksqualität zu genießen und gleichzeitig Ihrem Körperhaushalt reichlich Gutes zu tun.

Bittermelonen-CURRY

ERGIBT 4 PORTIONEN

- 4 kleine **indische Bittermelonen** oder 2 große **chinesische Bittermelonen** (siehe »Dem Geschmack auf der Spur«, Seite 46)
- 1 Stück frischer **Ingwer**, geschält ca. 5 cm
- 2 EL **kaltgepresstes Kokosöl**
- 2 EL **rote Thai-Currypaste**
- 4 kleine **Romatomaten**, in 2,5-5 cm großen Stücken
- 1 Dose (400 ml) vollfette **Kokosmilch**
- **Meersalz**
- ½ Tasse* grob gehacktes frisches **Basilikum**

* Siehe Kochtipp der Redaktion S. 8.

Die Melonen der Länge nach halbieren, mit einem Löffel die Kerne herausschaben und wegwerfen. Dann in einem spitzen Winkel in 1,5 cm dicke Scheiben schneiden. Den Ingwer in 0,5 cm dicke Scheiben schneiden. Die Ingwerscheiben auf ein Schneidebrett legen und mit der flachen Seite eines Messers leicht zerdrücken.

In eine große Kasserolle bei hoher Hitze zunächst das Öl geben. Sobald es schmilzt, Bittermelone und Ingwer dazugeben und eine Minute lang anbraten, dabei ständig umrühren, um ein Anbrennen zu verhindern. Currypaste hinzufügen und durch Rühren gleichmäßig verteilen. Tomaten und Kokosmilch hinzugeben und gut durchrühren. Aufkochen lassen, dann die Temperatur reduzieren und bedeckt köcheln lassen, bis das Gemüse zart ist und sich die Tomaten mit der Sauce verbunden haben (etwa 25 Minuten). Vom Herd nehmen und das Basilikum unterrühren. Sofort servieren.

Pro Portion: 284 Kalorien, 3 g Eiweiß, 25 g Fett (davon 22 g gesättigt), 13 g Kohlenhydrate, 194 mg Natrium, 12 mg Kalzium, 3 g Ballaststoffe

Die ausgeprägte warme Erdigkeit dieser unspektakulär aussehenden Gaumenfreude stammt zum größten Teil und paradoxerweise von einer Algenart, von der man eine solch erdige Note nicht erwarten würde. Damit sie sich entfalten kann, nehmen Sie sich bei der Zubereitung genügend Zeit.

Hijiki-Alge MIT MÖHREN UND ZWIEBELN

ERGIBT 4 PORTIONEN

½ Tasse* getrocknete **Hijiki-Alge**

1 EL **kaltgepresstes Kokosöl** oder **natives Olivenöl extra**

2 mittelgroße **Zwiebeln**, halbiert und längs in ca. 0,5 cm breite Scheibchen geschnitten

4 Tassen geraspelte **Möhren**

3 EL salzarme **Tamari Sojasauce** (falls nötig mehr)

2 EL **Mirin** (süßer Reiswein zum Kochen)

2 EL **Sake** (optional)

1 TL geröstetes **Sesamöl**

* Siehe Kochtipp der Redaktion S. 8.

Hijiki-Algen abspülen und in eine mittelgroße Schüssel legen. Etwa 2,5 cm hoch mit Wasser bedecken und 20 Minuten lang einweichen lassen. Abgießen, das Einweichwasser aufheben.

In eine große Kasserolle bei mittlerer Hitze zunächst das Öl geben. Sobald es schmilzt, die Zwiebeln dazugeben. Unter regelmäßigem Rühren anbraten, bis die Zwiebeln braun zu werden beginnen (etwa 10 Minuten). Möhren und Hijiki dazugeben und gut durchrühren. Unter regelmäßigem Rühren weiterbraten, bis die Mischung trocken zu werden und beinahe anzukleben beginnt (etwa 15 Minuten). Tamari Sojasauce hinzugeben und regelmäßig rühren, bis die Mischung fast ausgetrocknet ist. Mirin, optional Sake und das Hijiki-Einweichwasser dazugießen und gut durchrühren, bis alle Zutaten gut miteinander vermengt sind. Unter gelegentlichem Rühren köcheln lassen, bis die Flüssigkeit aufgesogen ist (etwa 10 Minuten). Vom Herd nehmen und das geröstete Sesamöl einrühren. Sofort servieren.

Pro Portion: 161 Kalorien, 3 g Eiweiß, 5 g Fett (davon 3 g gesättigt), 25 g Kohlenhydrate, 704 mg Natrium, 160 mg Kalzium, 6 g Ballaststoffe

DEM GESCHMACK AUF DER SPUR

- Die Braunalge Hijiki (auch Hiziki) ist eine von vielen in der japanischen Küche verwendeten Algenarten. Sie wird getrocknet angeboten und hat das Aussehen eines Knäuels fester schwarzer Schnüre; nach dem Einweichen ähnelt sie kleinen Zweigen. Sie besitzt einen intensiven und salzigen Meeresgeschmack. Hijiki ist in japanischen Lebensmittelgeschäften erhältlich, ebenso in Naturkostläden bei den makrobiotischen Nahrungsmitteln.

- Mirin ist ein süßer heller Reiswein, der in der japanischen Küche ausschließlich zum Kochen verwendet wird.

Dieses Rezept verbindet grüne Bohnen mit Piperade, einem traditionelles Gericht der baskischen Küche, das hier als pikante Sauce dient. Sie wird gewürzt mit gemahlenem Piment d'Espelette, einer roten Chilisorte (auch als Gorria bekannt), die im französischen Baskenland angebaut wird. Wenn Sie kein Piment d'Espelette bekommen können, verwenden Sie Aleppo-Pfeffer, der leichter erhältlich ist und ebenfalls ein besonderes, allerdings anderes Aroma in dieses Gericht bringt.

Grüne Bohnen AUF BASKISCHE ART

ERGIBT 4 PORTIONEN

- 450 g sehr frische **grüne Bohnen**, quer halbiert
- 2 EL **natives Olivenöl extra**
- 1 große **Zwiebel**, in dicke Ringe geschnitten
- 1 **grüne Gemüsepaprika**, längs in 1,5 cm breite Streifen geschnitten
- 1 **rote Gemüsepaprika**, längs in 1,5 cm breite Streifen geschnitten
- 3 **Knoblauchzehen**, fein gehackt
- ½ TL **scharfes Chilipulver**
- ½ TL gemahlener **Piment d'Espelette** oder **Aleppo-Pfeffer** oder ¼ TL **Cayennepfeffer**
- ½ TL **Meersalz**
- ¼ TL **schwarzer Pfeffer** aus der Mühle
- 1½ Tasse* geschälte und entkernte **Romatomaten**, gewürfelt

* Siehe Kochtipp der Redaktion S. 8.

Einen großen Topf zu etwa zwei Dritteln mit gesalzenem Wasser füllen und auf hoher Stufe zum Kochen bringen. Die grünen Bohnen dazugeben und 30 Sekunden lang kochen. Abgießen und unter laufendem kalten Wasser abschrecken. Gut abtropfen lassen.

In eine große Kasserolle bei mittlerer Hitze zunächst Öl, dann die Zwiebel geben. Unter regelmäßigem Rühren anbraten, bis die Zwiebel weich ist und zu bräunen beginnt (etwa 5 Minuten). Die Gemüsepaprikastücke dazugeben und unter regelmäßigem Rühren anbraten (etwa 5 Minuten). Den Knoblauch hinzugeben, dann Chilipulver, Piment d'Espelette, Salz und Pfeffer hinzufügen und unter regelmäßigem Rühren 1-2 Minuten weiterbraten. Die Tomaten und grünen Bohnen dazugeben und gut miteinander vermengen. Temperatur reduzieren und unter regelmäßigem Rühren köcheln lassen, bis das Gemüse zart ist und die Tomaten zu einer dicken Sauce verkocht sind (etwa 10 Minuten). Sofort servieren.

Pro Portion: 141 Kalorien, 6 g Eiweiß, 8 g Fett (davon 1 g gesättigt), 18 g Kohlenhydrate, 300 mg Natrium, 61 mg Kalzium, 7 g Ballaststoffe

Schon vor langer Zeit trafen sich Rote Bete und Süßkartoffel an der Feuerstelle, aber diese Kombination ist ein farbenfrohes Novum. Die verschiedenen Violetttöne schenken dem Gericht eine liebliche Farbigkeit, und ihre Süße bildet ein ideales Gegengewicht zu dem Miso, das noch nicht lange auf der Rote-Bete-Süßkartoffel-Bühne mitspielt.

PÜREE AUS gerösteter Roter Bete und violetter Süßkartoffel

ERGIBT 4 PORTIONEN

680 g **violettfleischige Süßkartoffeln**, gebürstet mit Schale

4 Tassen* **Rote Bete**, in 2,5 cm großen Würfeln

1 EL **natives Olivenöl extra**

¼ TL **Meersalz**

¼ TL **gemischter Pfeffer** (schwarzer, weißer, grüner und rosa) oder nur **schwarzer Pfeffer** aus der Mühle

2 EL **Shiro Miso** (weiße Misopaste)

* Siehe Kochtipp der Redaktion S. 8.

Backofen auf 200 °C vorheizen. Die gebürsteten Süßkartoffeln mit Schale auf einem Backblech verteilen und 30 Minuten backen.

Backofentemperatur etwas reduzieren. Rote Bete in einer mittelgroßen Schüssel mit Öl, Salz und Pfeffer gut vermengen. In eine ofenfeste Form füllen und mit dem Deckel oder Alufolie verschließen. Zusammen mit den Süßkartoffeln weitere 45 Minuten backen.

Süßkartoffeln und Rote Bete aus dem Backofen nehmen und auskühlen lassen. Die Süßkartoffeln längs halbieren, das Fleisch herauslöffeln und in eine Küchenmaschine geben. Rote Bete hinzufügen und glatt pürieren. Die Mischung in eine mittelgroße Kasserolle füllen und aufwärmen, bis sie heiß ist (etwa 5 Minuten); dabei ständig umrühren, um ein Anbrennen zu verhindern. Vom Herd nehmen und die Misopaste unterrühren. Sofort servieren.

Pro Portion: 248 Kalorien, 6 g Eiweiß, 4 g Fett (davon 1 g gesättigt), 49 g Kohlenhydrate, 609 mg Natrium, 77 mg Kalzium, 9 g Ballaststoffe

Die Kartoffeln für dieses Rezept sollten sehr klein sein – so klein, dass man die dunklen mit den Kalamata-Oliven verwechseln könnte, die sich ebenfalls in diesem delikaten Gericht tummeln. Es macht sich gleichermaßen gut als Beilage wie als Vorspeise. Doch seien Sie in dem Fall darauf gefasst, dass Ihre Gäste zu Tisch eilen, sich auf den Appetizer stürzen und sofort mit dem nächsten, ebenso köstlichen Gang fortfahren möchten.

Gemischte Babykartoffeln MIT OLIVEN UND ROSMARIN

ERGIBT 4 PORTIONEN

3 Tassen* gemischte (bunte) **Babykartoffeln**, gebürstet, größere Kartoffeln in mundgerechte Stücke geschnitten

¾ Tasse **grüne sizilianische** (z.B. Castelvetrano), **Picholine-** oder andere Oliven

¾ Tasse entsteinte **Kalamata-Oliven**, abgespült und getrocknet

¼ Tasse **natives Olivenöl extra**

¼ Tasse gehackte frische **Petersilie**

Schale von 1 **Zitrone** (unbehandelt)

3 EL frisch gepresster **Zitronensaft**

2 TL gehackter frischer **Thymian**

1 TL gehackter frischer **Rosmarin**

½ TL **Knoblauch** gepresst

¼ TL **schwarzer Pfeffer** aus der Mühle

* Siehe Kochtipp der Redaktion S. 8.

Einen großen Topf zu etwa zwei Dritteln mit gesalzenem Wasser füllen und auf hoher Stufe zum Kochen bringen. Die Kartoffeln dazugeben und etwa 10 Minuten lang kochen lassen. Abgießen und in eine mittelgroße Schüssel füllen.

Das Fruchtfleisch von den Oliven schneiden und in eine Küchenmaschine geben. Kalamata-Oliven, Öl, Petersilie, Zitronenschale, Zitronensaft, Thymian, Rosmarin, Knoblauch und Pfeffer dazugeben und fein hacken, aber nicht pürieren. Mischung zu den Kartoffeln geben und gründlich vermengen. Sofort oder bei Raumtemperatur servieren.

Pro Portion: 211 Kalorien, 2 g Eiweiß, 19 g Fett (davon 3 g gesättigt), 12 g Kohlenhydrate, 592 mg Natrium, 23 mg Kalzium, 2 g Ballaststoffe

Für den Erfolg dieses Rezepts brauchen Sie zwei Dinge: ein Chilipulver mit einem ausgeprägten Aroma, z.B. Chimayó, und einen Grillkorb, der verhindert, dass Gemüsestücke durch den Rost fallen. Das Wunderbare an den in New Mexico angebauten Chimayó-Chilis ist ihre geballte Aromenkraft bei moderater Schärfe. Verwenden Sie es für ein intensives Geschmackserlebnis, ohne sich die Geschmacksknospen zu verbrennen.

Gemischtes Gemüse vom Grill MIT KNOBLAUCH UND CHILI

ERGIBT 4 PORTIONEN

350 g **grüne Zucchini**

350 g **gelbe Zucchini**

350 g **japanische Auberginen**

2 **rote Gemüsepaprika**

2 **grüne Gemüsepaprika**

1 **gelbe Gemüsepaprika**

2 große **Zwiebeln**

⅓ Tasse* **natives Olivenöl extra**

7 **Knoblauchzehen**, fein gehackt oder gepresst

3 EL **Chimayó-Chilipulver** oder ein anderes Chilipulver mit einem reichen Aroma

1 TL **Meersalz**

1 TL **schwarzer Pfeffer** aus der Mühle

2 EL frisch gepresster **Limettensaft**

* Siehe Kochtipp der Redaktion S. 8.

Bei Verwendung eines Holzkohlegrills sollten die Kohlen richtig durchgeglüht sein; bei Verwendung eines Elektrogrills diesen auf hoher Stufe vorheizen.

Grüne und gelbe Zucchini, Auberginen, Gemüsepaprika und Zwiebel in mundgerechte Stücke schneiden. Öl, Knoblauch, Chimayó-Chilipulver, Salz und Pfeffer in einer großen Schüssel gut miteinander verquirlen. Die Gemüsestücke dazugeben und gründlich mit der Öl-Mischung vermengen. In einem Grillkorb auf den Grill platzieren und Deckel schließen. Den Korb alle paar Minuten durchschütteln und die Gemüsestücke garen, bis sie gleichmäßig braun und zart sind (etwa 15 Minuten). Das fertige Gemüse in eine Servierschüssel füllen und den Limettensaft darüberträufeln. Kurz durchrühren und sofort servieren.

Pro Portion: 251 Kalorien, 4 g Eiweiß, 17 g Fett (davon 2 g gesättigt), 21 g Kohlenhydrate, 585 mg Natrium, 57 mg Kalzium, 6 g Ballaststoffe

Jedes Wurzelgemüse kann auf diese Weise zubereitet werden, doch Möhren und Pastinaken teilen zwei wesentliche Merkmale – ihre Süße und ihre Grundform –, so dass sie einfach gut zusammen passen. Haben Sie erst die Vorbereitungen erledigt, werden Sie dieses Gericht so flott wie die anderen zubereiten; vergessen Sie aber nicht das Umrühren, damit das Gemüse nicht anbrennt.

GERÖSTETE Möhren und Pastinaken

ERGIBT 4 PORTIONEN

2 EL **kaltgepresstes Kokosöl**

4 mittelgroße **Möhren**, in ca. 5 cm lange und 1,5 breite Stifte geschnitten

4 mittelgroße **Pastinaken**, in ca. 5 cm lange und 1,5 breite Stifte geschnitten

1 großer frischer **Rosmarinzweig**

½ TL **Meersalz**

2 EL gehackte frische **Petersilie**

⅛ TL **schwarzer Pfeffer** aus der Mühle

Backofen auf 200 °C vorheizen.

In eine mittelgroße ofenfeste Bratpfanne zunächst das Öl geben, sobald es schmilzt, die Möhren und Pastinaken dazugeben und gut miteinander vermengen. Unter dauerndem Wenden etwa 5 Minuten lang scharf anbraten. Rosmarin und Salz dazugeben und durch Umrühren gleichmäßig verteilen. Pfanne in den Backofen stellen und Gemüse unter regelmäßigem Rühren rösten, bis es leicht gebräunt und zart ist (etwa 30 Minuten). Petersilie und Pfeffer hinzugeben und gut durchrühren. Die Rosmarinzweige herausnehmen und sofort servieren.

Pro Portion: 159 Kalorien, 3 g Eiweiß, 8 g Fett (davon 7 g gesättigt), 20 g Kohlenhydrate, 323 mg Natrium, 20 mg Kalzium, 4 g Ballaststoffe

Beim Grillen von Spargel entfaltet sich ein Geschmack wie bei keiner anderen Zubereitungsmethode. Eine Süße, mit der Sie niemals gerechnet hätten, wird freigesetzt, und selbst all jene überzeugen, die Spargel ansonsten nicht sonderlich mögen: Das Ergebnis der Kombination mit gerösteteten Gemüsepaprika, leicht karamellisierten Zwiebeln und einer Note von geräucherten Paprika ist schlicht überwältigend und unwiderstehlich.

Gegrillter Spargel MIT GERÖSTETEN PAPRIKA UND ZWIEBELN

ERGIBT 4 PORTIONEN

3 EL **natives Olivenöl extra**

1 große **Zwiebel**, längs halbiert und in ca. 0,5 cm dicke Ringe geschnitten

2 **rote Gemüsepaprika**, geröstet (siehe Info-Kasten, Seite 51) und in ca. 0,5 cm große Stücke geschnitten

½ TL **spanisches geräuchertes Paprikapulver**

½ TL **Meersalz**

½ TL **schwarzer Pfeffer** aus der Mühle

680 g **Spargel**, holzige Enden entfernt

½ **Zitrone** (unbehandelt)

1 EL gehackte frische **Petersilie**, zum Garnieren

In eine große Bratpfanne bei hoher Hitze zunächst 1 EL Öl, dann die Zwiebel geben. Unter regelmäßigem Rühren anbraten, bis die Zwiebel weich ist und leicht zu bräunen beginnt (etwa 10 Minuten). Auf mittlere Hitze reduzieren und die gerösteten Paprika dazugeben. Unter regelmäßigem Rühren 2 Minuten lang anbraten. Paprikapulver und ¼ TL Salz hinzugeben und unter regelmäßigem Rühren weitere 4 Minuten braten. ¼ TL Pfeffer einrühren und auf mittlere Temperatur reduzieren.

Bei Verwendung eines Holzkohlegrills sollten die Kohlen richtig durchgeglüht sein; bei Verwendung eines Elektrogrills diesen auf hoher Stufe vorheizen.

Den Spargel auf ein Backblech legen, dünn mit dem restlichen Öl bepinseln und mit dem restlichen Salz und Pfeffer würzen. Die Spargelstangen quer auf dem Grill verteilen, so dass sie nicht durch den Rost fallen können. 1 Minute grillen, wenden, 2 Minuten von der anderen Seite grillen. Den Spargel wieder auf das Backblech legen und mit Alufolie oder Backpapier bedecken.

Wenn die Paprikastücke warm sind, den Spargel auf vier Tellern verteilen, jeweils zu einem Stapel mit den Spitzen in eine Richtung geschichtet. Paprikamischung auf die Mitte der Spargelstangen geben. Jede Portion mit etwas Zitronensaft beträufeln und mit der Petersilie garnieren. Sofort servieren.

Pro Portion: 155 Kalorien, 5 g Eiweiß, 10 g Fett (davon 1 g gesättigt), 13 g Kohlenhydrate, 287 mg Natrium, 54 mg Kalzium, 5 g Ballaststoffe

KAPITEL 10

Das Beste zum Schluss

Desserts

Haselnuss und Schokolade sind ein kulinarisches Traumpaar. Das Geheimnis bei der Herstellung eines exzellenten Schokoladenbruchs ist, dass man die Schokolade temperiert (siehe Info-Kasten): Man erwärmt sie und lässt sie dann abkühlen, damit sie eine glänzende Oberfläche und Festigkeit bekommt und beim Brechen schön knackt. Dennoch, dieses Dessert erfordert keine besondere Könnerschaft für die Zubereitung – und erst einmal aufgetischt, wird es in kürzester Zeit schon wieder verschwunden sein.

Haselnuss-Schokoladenbruch

Siehe Abbildung gegenüber Seite 123

ERGIBT CA. 600 G, 10 PORTIONEN ZU 60 G

2 Tassen* **sehr frische Haselnüsse**, geröstet (siehe Paläo-Tipp und Info-Kasten, Seite 73)

500 g **dunkle Schokolade**, grob gehackt

* Siehe Kochtipp der Redaktion S. 8.

Etwa die Hälfte der Haselnüsse auf einem Schneidebrett sauber längs halbieren, die übrigen Nüsse grob hacken. Nicht zusammenschütten, sondern getrennt aufbewahren.

Etwa 30 g Schokolade zur Seite legen, den Rest in eine mittelgroße Schüssel geben. Ein Wasserbad vorbereiten: ca. 5 cm hoch heißes, aber nicht kochendes Wasser in eine flache Schüssel gießen. Die Schüssel mit der Schokolade in das Wasserbad stellen und so lange ununterbrochen rühren, bis die Schokolade vollständig geschmolzen ist. Schüssel auf die Arbeitsplatte stellen und die übrigen 30 g Schokolade dazugeben; rühren, bis sie geschmolzen ist und nochmals zurück ins Wasserbad setzen und für weitere 1 bis 2 Minuten bei permanentem Rühren erhitzen.

Eine Lage extra starke Alufolie (oder eine Silikon-Backmatte), glänzende Seite nach oben, auf einem kleinen umgedrehten (oder sehr flachen) Backblech oder einer umgedrehten rechteckigen Auflaufform ausbreiten (das Blech bzw. die Form sollte in den Kühlschrank passen). Geschmolzene Schokolade gleichmäßig, ungefähr rechteckförmig auf der Alufolie verteilen. Schokolade mit einem langen Metallspatel etwa ca. 0,5–0,8 cm dick glattstreichen. Haselnusshälften mit den Schnittflächen nach oben leicht in die Schokoladenmasse drücken. Gehackte Haselnüsse über möglichst die gesamte Fläche streuen. Backblech in den Kühlschrank stellen, bis die Schokolade fest geworden ist (etwa 15 Minuten).

Aus dem Kühlschrank nehmen. Schokolade in ca. 10–12 cm lange und 7–10 cm breite Stücke brechen, auf einen Teller schichten: Der Turm kann jetzt nach Belieben abgetragen oder in einer dichtschließenden Dose im Kühlschrank aufbewahrt werden. So oder so, der Schokoladenbruch wird sich nicht lange halten!

Pro Portion: 177 Kalorien, 4 g Eiweiß, 16 g Fett (davon 4 g gesättigt), 14 g Kohlenhydrate, 4 mg Natrium, 5 mg Kalzium, 4 g Ballaststoffe

PALÄO-TIPP

Falls die Bezeichnung sehr frisch im Zusammenhang mit Haselnüssen verwirrend erscheint, dann gibt es eine simple Lösung: Probieren Sie einfach die Haselnüsse. Sie sollten einen leichten Biss und ein angenehmes Aroma ohne eine Spur von Ranzigkeit haben. Mögen Sie den Geschmack, dann sind sie frisch genug für Sie.

SCHOKOLADE TEMPERIEREN: Temperieren umfasst mehrere Schritte. Zunächst lässt man die Schokolade bei 45–50 °C langsam schmelzen, dann auf 26–28 °C abkühlen, daraufhin wird sie noch einmal auf 30–33 °C erwärmt. Falls Sie über ein Schokoladenthermometer verfügen, prima, nutzen Sie es für dieses Rezept. Falls nicht, folgen Sie der Anleitung. Holen Sie den Schokoladenbruch aber immer erst ein paar Minuten, bevor Sie ihn servieren, aus dem Kühlschrank.

Warme Desserts werden immer als etwas Besonderes, ja Vornehmes wahrgenommen. Aber Sie müssen Ihren Gästen ja nicht sagen, wie wenig Mühe der folgende Nachtisch erfordert hat – genießen Sie einfach das anerkennende Murmeln zwischen zwei Bissen.

Gegrillte Ananas MIT ANANAS-KOKOSNUSS-SAUCE

ERGIBT 4 PORTIONEN

1 mittelgroße **Ananas**

¼ Tasse* **Kokoscreme** (siehe Info-Kasten, Seite 42)

7 entsteinte **Medjoul-Datteln**

1 EL geschälter und gehackter frischer **Ingwer**

2 TL frisch gepresster **Limettensaft**

9 **Gewürznelken**

2 TL **natives Olivenöl extra**

Grill oder Grillfunktion des Backofens auf hoher Stufe vorheizen.

Die Ananas schälen und die holzigen Augen entfernen. Ananas auf die Längsseite legen und vier ca. 2,5 cm dicke Scheiben abschneiden. Den in der Mitte der Scheiben befindlichen Teil des Strunks mit einer Ausstechform von 4 cm Durchmesser ausstanzen. Die so erhaltenen Ananasringe zur Seite stellen.

Für die Sauce die restliche Ananas längs vierteln und den Strunk wegschneiden. 1 Tasse Ananas hacken und in einen Mixer geben. Kokoscreme, Datteln, Ingwer und Limettensaft dazugeben und glatt pürieren; die Sauce sollte dickflüssig sein. Sauce in eine kleine Schüssel umfüllen. Die Köpfchen von 5 Gewürznelken abzwicken und zwischen Daumen und Zeigefinger leicht zerreiben. Die zerriebenen Nelken zu der Sauce geben und gut vermischen. Die Stiele für eine andere Verwendung aufheben oder wegwerfen.

Die Ananasringe auf beiden Seiten mit dem Öl bepinseln und auf den Grill bzw. unter den Backofengrill legen. Bei Verwendung eines Grills die Ananasringe auf dem Rost andrücken. So lange grillen, bis sich gut sichtbare Grillstreifen abzeichnen (etwa 2 Minuten; gilt nicht für die Zubereitung unter dem Backofengrill). Wenden und auch von der anderen Seite grillen, bis sich Grillstreifen zeigen (etwa 3 Minuten; bei der Zubereitung unter dem Backofengrill darauf achten, dass die Ananasringe nicht verbrennen).

Die Ananasringe vom Grill nehmen und auf vier Dessertteller verteilen. In die Mitte jedes Rings eine großzügig bemessene Menge der Sauce löffeln. Das Köpfchen einer Gewürznelke abzwicken und mit den Fingern über einem Ananasring zerbröseln. Mit den übrigen 3 Nelken ebenso verfahren und sofort servieren.

Pro Portion: 221 Kalorien, 2 g Eiweiß, 5 g Fett (davon 3 g gesättigt), 47 g Kohlenhydrate, 5 mg Natrium, 4 mg Kalzium, 5 g Ballaststoffe

Ein sehr elegantes Dessert, das seine Klasse durch die so wundervoll zur Geltung kommenden Früchte sogar noch steigert – der perfekte Abschluss eines steinzeitlichen Candlelight-Dinners. Das Reduzieren verstärkt das Aroma und die Süße des Portweins. Zerstoßen Sie die Kardamomsamen erst kurz vor ihrer Verwendung, so erhalten Sie eine strahlende, spektakuläre Note. Und mehr muss dazu gar nicht gesagt werden, legen Sie los!

Fuyu-Kakis MIT SAUERKIRSCHEN UND PORTWEIN-JUS

ERGIBT 4 PORTIONEN

2 Tassen* frische oder 1 Tasse getrocknete **ungesüßte Sauerkirschen**

2 Tassen **roter Portwein**

¼ TL grob zerstoßene **Kardamomsamen**

2 große, feste **Kaki** (Sorte Fuyu), geschält und in 0,5 cm große Stücke geschnitten

1 EL feine **Julienne der Zitronatzitrone** (Sorte Buddhas Hand) oder **Zitronenschale**, unbehandelt (siehe »Dem Geschmack auf der Spur« und Paläo-Tipp), zum Garnieren

* Siehe Kochtipp der Redaktion S. 8.

Die Kirschen halbieren und die Kerne entfernen. Bei der Verwendung von getrockneten Kirschen diese zusammen mit dem Portwein in einen Topf geben. Bei mittlerer Hitze zum Köcheln bringen, dann vom Herd nehmen und 30 Minuten lang aufquellen lassen. Die Kirschen gut abtropfen lassen, dabei den Portwein in einem Topf auffangen und bei mittlerer Hitze aufkochen, die Kardamomsamen einrühren. Köcheln lassen, bis der Portwein auf ca. ½ Tasse reduziert ist (etwa 15 Minuten). Regelmäßig kontrollieren, um ein Überkochen zu verhindern. Die Reduktion abkühlen lassen, bis sie lauwarm ist.

Die Kirschen, Kakis und den warmen Portwein-Jus in einer mittelgroßen Schüssel behutsam, aber gründlich vermischen.

Auf vier Dessertschälchen verteilen. Mit den Julienne garnieren und sofort servieren.

Pro Portion: 273 Kalorien, 1 g Eiweiß, 0 g Fett (davon 0 g gesättigt), 27 g Kohlenhydrate, 0 mg Natrium, 8 mg Kalzium, 4 g Ballaststoffe

DEM GESCHMACK AUF DER SPUR

Buddhas Hand ist eine aus Südostasien stammende Zitrusfrucht, genauer eine Zitronatzitronensorte. Ihren Namen hat sie von ihrer auffälligen Form einer vielfingrigen Hand. Im Gegensatz zu den meisten Zitrusfrüchten besteht sie fast nur aus Schale und Fruchtwand (Mesokarp) und enthält kein safthaltiges Fruchtfleisch. Vorrangig wird sie wegen des einzigartigen Dufts ihrer Schale verwendet, die auch gerieben zum Einsatz kommt. Greifen Sie zu großen, festen, gelbfleischigen Früchten ohne weiche Finger oder andere Schönheitsfehler.

PALÄO-TIPP

Für die Julienne 4–5 cm lange Streifen mit einem Julienneschneider oder einem Sparschäler abziehen, dann längs in feine, streichholzdünne Streifen schneiden.

Frischer Ingwer bringt einen warmen Unterton mit einem zarten Hauch von Schärfe in die Füllung dieses sehr schokoladigen Kuchens. Der Teig besteht aus nichts anderem als Nüssen und Datteln in geschmolzener Schokolade, die zwar fest wird, wenn sie abkühlt, aber niemals hart. Ein bisschen Kakaopulver, leicht darübergestreut, fügt der Verbindung eine flüchtige Bitternote hinzu. Schokolade auf Schokolade auf Schokolade – wie kann man dagegen etwas haben?

Ingwer-Schokoladenkuchen MIT NUSS-DATTEL-TEIG

ERGIBT 12 STÜCKE

- 1 Tasse* **Pekannüsse**
- 1 Tasse **Paranüsse**
- 10 entsteinte **Medjoul-Datteln**
- ¼ Tasse **Kakao-Nibs** (siehe »Dem Geschmack auf der Spur«)
- 1 Prise **Meersalz**
- 570 g **dunkle Schokolade**, gehackt
- 1 EL **rohes Mandelmehl** oder **fein gemahlene Mandeln**
- 1½ Tassen geschälter und gehackter frischer **Ingwer**
- 2 EL **dunkler Rum** (optional)
- 1 Tasse vollfette **Kokosmilch**
- 1 EL handelsübliches **Kakopulver** (alkalisiert bzw. dutch-processed) (siehe »Dem Geschmack auf der Spur«)

* Siehe Kochtipp der Redaktion S. 8.

Pekannüsse, Paranüsse, Datteln, Kakao-Nibs und Salz in einer Küchenmaschine klein hacken, etwa in 0,3–0,6 cm große Stücke.

120 g Schokolade in eine mittelgroße Schüssel geben. Ein Wasserbad vorbereiten: ca. 5 cm hoch heißes, aber nicht kochendes Wasser in eine flache Schüssel gießen. Schüssel mit Schokolade in das Wasserbad setzen. Rühren, bis die Schokolade vollständig geschmolzen ist. Schokolade über die Nuss-Dattel-Mischung geben und in der Küchenmaschine gründlich vermischen.

Für den Teig das Mandelmehl gleichmäßig auf dem Boden einer Springform mit 22 cm Durchmesser verteilen. Die Schoko-Nuss-Dattel-Mischung glattstreichen und in den Kühlschrank stellen, bis sie fest ist (etwa 30 Minuten). Das ist eine ziemlich klebrige Angelegenheit, aber die Masse wird fest bleiben, sobald sie einmal durchgekühlt ist.

Für die Füllung die restlichen 450 g Schokolade zusammen mit dem Ingwer und Rum (optional) in einen Mixer geben. Die Kokosmilch in einer kleinen Kasserolle bei mittlerer Hitze zum Köcheln bringen. Vom Herd nehmen, 10 Sekunden warten und dann ebenfalls in den Mixer füllen. Glatt pürieren. Die Füllung über die Schoko-Nuss-Dattel-Mischung in die Kuchenform geben, falls nötig ein Sieb verwenden, um eventuell enthaltene Ingwerfasern zu entfernen. Den Kuchen zum Festwerden erneut vorsichtig in den Kühlschrank stellen (etwa 3 Stunden).

Den Kuchen 20 Minuten vor dem Servieren aus dem Kühlschrank holen. Das Kakopulver löffelweise in ein feinmaschiges Sieb geben und die Oberseite des Kuchens bestreuen. Mit einem scharfen, trockenen Messer in Stücke zerteilen und servieren.

Pro Portion: 309 Kalorien, 6 g Eiweiß, 27 g Fett (davon 10 g gesättigt), 28 g Kohlenhydrate, 18 mg Natrium, 53 mg Kalzium, 7 g Ballaststoffe

DEM GESCHMACK AUF DER SPUR

- Um die Kakaokerne von der Schale zu trennen, werden die rohen Bohnen aufgebrochen; die dabei entstehenden Bruchstücke des Kerns werden »Nibs« genannt. Sie sind außerordentlich gesund und enthalten mutmaßlich viermal so viele Antioxidantien wie grüner Tee. Zudem sind sie eine bittersüße, knusprige Leckerei.

- Kakaopulver, das mit dem sogenannten Dutch process behandelt, d.h. alkalisiert wurde, ist eine zweischneidige Angelegenheit. Einerseits ist es viel wohlschmeckender und weniger bitter als rohes Kakopulver und löst sich besser in Flüssigkeit auf. Anderseits reduziert das Alkalisieren einen großen Teil der gesundheitsfördernden Eigenschaften des Kakaos. Empfohlen werden kann die Verwendung für Desserts und heiße Kakaogetränke, denn in diesen Fällen mag der Verlust von Antioxidantien bei einem Zuwachs von weicher, köstlicher Schokoladigkeit ein akzeptables Tauschgeschäft sein.

Feigen und Schokolade – zwei der göttlichsten Produkte der Natur – verbinden sich hier zu einer Gaumenfreude, die der strahlende, kühle Hauch der frischen Minze sogar noch steigert. Es ist ein ideales Dessert, wenn man Gäste eingeladen hat, denn es lässt sich komplett vorbereiten, nur die Minze sollte frisch geschnitten werden.

Feigen MIT SCHOKOLADEN-BALSAMESSIG

ERGIBT 4 PORTIONEN

½ Tasse* **Balsamessig**

2 EL rohes **Kakaopulver** (siehe »Dem Geschmack auf der Spur«)

16 **reife Feigen**, ohne Stiel und längs geviertelt

8 große **frische Minzblätter**, zum Garnieren

* Siehe Kochtipp der Redaktion S. 8.

Balsamessig in einer kleinen Kasserolle bei mittlerer Hitze aufkochen und köcheln lassen, bis er etwa auf die Hälfte reduziert ist (ca. 15 Minuten). Kakao hinzugeben und mit einem Schneebesen verquirlen, bis er sich aufgelöst hat. Vom Herd nehmen.

Feigen in eine große Schüssel legen und die Essig-Kakao-Mischung dazugeben. Behutsam, aber gründlich die Feigen mit der Flüssigkeit benetzen.

Auf vier Dessertschälchen verteilen. Minzblätter aufeinanderlegen und quer in schmale Streifen (ca. 2,5 mm) schneiden. Aufschütteln, um sie voneinander zu trennen und über die Feigen streuen. Sofort servieren.

Pro Portion: 183 Kalorien, 1 g Eiweiß, 1 g Fett (davon 0,2 g gesättigt), 48 g Kohlenhydrate, 15 mg Natrium, 85 mg Kalzium, 5 g Ballaststoffe

DEM GESCHMACK AUF DER SPUR

Nicht jedes rohe Kakaopulver schmeckt ohne die normalerweise zugesetzten Süßungsmittel lecker. Sie müssen möglicherweise ein paar Marken ausprobieren, bis Sie eines gefunden haben, das Sie mögen.

Glossar

Aceto balsamico tradizionale Der echte Aceto Balsamico tradizionale (Balsamessig) ist kein echter Essig aus vergorenem Wein, bei dem der Alkohol in Essigsäure umgewandelt wird. Vielmehr wird der Most von weißen Trauben, in der Regel von der Sorte Trebbiano, durch Kochen um etwa die Hälfte reduziert und reift dann in Holzfässern mindestens 12 Jahre. Je länger er lagert, desto dickflüssiger und milder wird er. Ein 18 Jahre alter Aceto balsamico besitzt eine wunderbare Aromadichte, eine zurückhaltende Säure und eine samtige Konsistenz – perfekt für die meisten Gelegenheiten. Der echte Aceto balsamico stammt aus Modena bzw. aus Reggio Emilia in Oberitalien; die hochwertige und teure Version trägt immer die Bezeichnung »tradizionale«. Meist finden Sie in den Geschäften aber den Aceto balsamico oder Aceto balsamico di Modena ohne den Zusatz »tradizionale« – das ist ein weitaus günstigerer, aber auch auf andere Art produzierter und in der Regel nicht gealterter Essig. Seine Konsistenz ist viel dünnflüssiger, sein Geschmack schärfer. Ein einigermaßen akzeptabler Ersatz für Aceto balsamico tradizionale lässt sich herstellen, indem man gewöhnlichen Balsamessig bei mittlerer Hitze köcheln lassen, bis die Flüssigkeit um etwa 40 Prozent reduziert ist. Dadurch wird der Essig körperreicher und konzentrierter im Geschmack.

Aleppo-Pfeffer Für Menschen, die pikantes Essen nicht besonders gut vertragen, erscheinen alle Chilisorten gleich: sobald die Schärfe sich bemerkbar macht, sind ihre Geschmacksknospen wie betäubt. Der nach der Stadt Aleppo im Norden Syriens, von wo er ursprünglich stammt, benannte Pfeffer – tatsächlich eine Gewürzmischung – ist aber tatsächlich für diese Menschen das Richtige, verbindet sich doch in ihm eine relativ milde Schärfe mit einem lebhaften Aroma, das an getrocknete Tomaten erinnert. Ich benutze Aleppo-Pfeffer regelmäßig, weil ich so einem Gericht einen Hauch von Chili zufügen kann, ohne dass es zu scharf wird.

Allium-Arten Zur Gattung der Allium- oder Lauch-Arten gehören rote, weiße, gelbe Zwiebeln, Perlzwiebeln und Cipollinizwiebeln, ebenso Schalotten, Knoblauch, Lauch, Frühlingszwiebeln und Schnittlauch.

Ancho-Chili Ancho-Chilis sind gereifte (rote), getrocknete mexikanische Poblano-Chilischoten; aus den frischen grünen Früchten werden z.B. *chiles rellenos* (gefüllte Paprika) zubereitet. Ancho werden oft gemahlen verwendet und bringen einen exotischen und sehr kräftigen Geschmack in jedes Gericht, genug, um dessen Charakter schlagartig zu verändern.

Bittermelone Für die meisten Menschen in der westlichen Welt ist der Geschmack der aus Ostasien stammenden Bittermelone (auch Bittergurke oder Balsambirne) recht gewöhnungsbedürftig. In der traditionellen chinesischen Medizin dient sie als Heilpflanze bei allen möglichen Beschwerden, einschließlich Krankheiten wie Diabetes und Anämie. Sie ist ein kraftvoller Blutreiniger und ein Stärkungsmittel. Die besten Bittermelonen findet man in indischen Lebensmittelläden, wo sie unter dem Namen Karela angeboten werden.

Chiasamen Die in Mexiko und Mittelamerika heimischen Chiasamen sind ein wahres Super-Nahrungsmittel, reich an essentiellen Fettsäuren, Eiweiß, Ballaststoffen und Mineralstoffen. Sie können bis zum Zehnfachen ihres Eigengewichts in Wasser aufnehmen, was bei der Zubereitung von heilsamen Puddings und anderen Süßspeisen von Vorteil ist. Diese Eigenschaft hat auch für Sportler einen Wert, denn zuvor eingeweichte Chiasamen geben ihre Nährstoffe ebenso wie das Wasser langsam frei, was einen ausgeglichenen Flüssigkeitshaushalt über einen längeren Zeitraum unterstützt.

Chimayó-Chili Benannt nach ihrem gleichnamigen Anbaugebiet in New Mexico (USA), weisen die nach der Ernte getrockneten und gemahlenen Chimayó-Chilis ein komplexes Aroma auf. Bei mäßiger Schärfe bringt dieses Chilipulver eine unglaubliche Geschmacksexplosion und verleiht Salatdressings, gegrilltem Gemüse und so ziemlich allem, womit es in Berührung kommt, besonderen Pep.

Chipotle-Chili Chipotle-Chilis sind gereifte, leuchtend rote Jalapeño-Chilischoten, die nach der Ernte geräuchert und getrocknet werden, was ihr Aroma ebenso wie ihre Schärfe verstärkt. Getrocknete Schoten können gemahlen und als Chilipulver verwendet werden oder ca. 10 Minuten lang in Wasser aufgeweicht und dann weiterverarbeitet werden. Am verbreitetsten ist das Kochen der ganzen Schoten in Adobo, einer Tomatensauce. »Chipotles in Adobo« werden in kleinen Konservendosen in Supermärkten bzw. von Online-Händlern angeboten.

Étouffée Das französische Wort *étouffée* bedeutet »gedünstet« oder »geschmort«: Die Zutaten werden kurz angebraten und mit wenig Flüssigkeit bei geringer Hitze gegart.

Fines herbes Zu Deutsch feine Kräuter: eine klassische Kräutermischung der französischen Küche aus Schnittlauch, Kerbel, Estragon, Petersilie und Majoran.

Hanfsamen Die von einer dünnen Fruchtschale umgebenen Hanfsamen sind reich an Protein, essentiellen Fettsäuren und Ballaststoffen. Mit Wasser können sie in einem Küchenmixer ganz einfach zu Hanfsamenmilch verarbeitet werden. In Smoothies können sie als zusätzlicher Eiweißlieferant dienen, Saucen und Dressings machen sie cremiger, auf Gemüse oder Salate gestreut sind sie eine knusprige Garnierung.

Harissa Diese Grundzutat der nordafrikanischen Küche ist eine Gewürzmischung aus scharfen roten Chilis, Knoblauch, Kümmelsamen und Olivenöl. Manchmal werden auch geröstete rote Gemüsepaprika, Koriandersamen, Kreuzkümmelsamen und getrocknete oder klein gehackte Minze oder Koriandergrün hinzugefügt.

Hijiki Die Braunalge Hijiki (auch Hiziki) ist eine von vielen in der japanischen Küche verwendeten Algenarten. Sie wird getrocknet angeboten und hat das Aussehen eines Knäuels fester schwarzer Schnüre; nach dem Einweichen ähnelt sie kleinen Zweigen. Sie besitzt einen intensiven und salzigen Meeresgeschmack. Hijiki ist in japanischen Lebensmittelgeschäften erhältlich, ebenso in Naturkostläden bei den makrobiotischen Nahrungsmitteln.

Kakao, roh Rohes Kakaopulver ist in den meisten Fällen dem verarbeiteten vorzuziehen, besonders weil es noch den größten Teil der gesundheitsfördernden Eigenschaften der Kakaobohnen enthält. Wenngleich im Allgemeinen dem Pulver aus gemahlenen rohen Kakaobohnen der verfeinerte, weichere und weniger säuerliche Geschmack des handelsüblichen alkalisierten Kakaopulvers fehlt, bieten mittlerweile einige Produzenten sehr hochwertigen Roh-Kakao an. Selbst verkosten ist der einzig wahre Test für Köche, probieren Sie also verschiedene Marken, um herauszufinden, welche die beste für Sie ist.

Kapern Kapern sind kleine, essbare Blütenknospen des im Mittelmeerraum heimischen Kapernstrauches. Sie werden unreif geerntet und entweder eingesalzen oder in einer Salz-Essig-Lösung eingelegt. Die besten Kapern für den Küchengebrauch sind die kleinsten, die südfranzösischen Nonpareilles, die einen sehr ausgeprägten Geschmack besitzen.

Kardamomsamen Beim Kauf von getrockneten Kardamomsamen sollten Sie, wenn möglich, die ganzen Kapseln bevorzugen, da die Aromastoffe der einzelnen Samen durch die Hülle erhalten bleiben. Doch auch ohne Kapsel sind ganze Samen besser als das gemahlene Pulver. Kardamomsamen entfalten ihr volles Aroma, wenn man sie erst unmittelbar vor ihrer Verwendung zerstößt oder mahlt. Im Westen kennt man Kardamom – von dem es eine grüne und eine schwarze Version gibt – oft noch vor allem als Gewürz für Gebäck, während er in Nordafrika, dem Nahen Osten und Indien für süße wie für herzhafte Gerichte gleichermaßen Verwendung findet.

Kokosmilch Kokosmilch wird aus dem Wasser und dem weißen zarten Fleisch der Kokosnuss hergestellt. Sie hat einen leicht süßen, reichhaltigen Geschmack und lässt sich in der Küche vielfältig verwenden. In Südostasien macht sie Currys cremiger und mildert die Schärfe, kommt aber genauso für Süßspeisen zum Einsatz. Üblicherweise wird Kokosmilch in Dosen, seltener in Tetrapaks verkauft, doch in asiatischen Märkten findet man sie auch tiefgefroren.

Miso Miso ist eine Paste aus vergorenen Sojabohnen und wird vor allem in der japanischen Küche verwendet. Es gibt verschiedene Sorten von Miso, manche sind sehr kräftig und scharf im Geschmack, doch in den Rezepten dieses Buches kommt Shiro Miso zum Einsatz, die mildeste Sorte.

Picholine-Oliven Eine südfranzösische Olivensorte mit kleinen grünen Früchten. Die Picholine besitzt ein ausgeprägtes, dennoch zartes kräuterwürziges Aroma, ein angenehm festes Fruchtfleisch und ist mild im Abgang. Sie ist eine ideale Olive für Cocktails und genauso ein vorzüglicher Snack.

Piperade Ein traditionelles Gericht aus dem französischen Baskenland, das auch als pikante Grundlage für weitere Gerichte verwendet werden kann. Piperade besteht aus Zwiebeln, Paprika, Tomaten und wird gewürzt mit Piment d'Espelette, einem moderat scharfen Chilipulver, das eine Spezialität der Region aus den dort angebauten Schoten der Sorte Gorria ist.

Rotes Chilipulver Indische und asiatische Lebensmittelläden führen sehr scharfe, wohlriechende Pulver aus roten Chilischoten; Cayennepfeffer (ebenfalls gemahlene Chilis) ist ein passabler Ersatz.

Sesamöl, geröstet Aus gerösteten Sesamsamen hergestellt. Im Gegensatz zu normalem Sesamöl dient es vor allem in der traditionellen japanischen und chinesischen Küche in kleinen Mengen zur abschließenden Verfeinerung, nicht zum eigentlichen Kochen.

Spanisches geräuchertes Paprikapulver Das vor allem unter seinem spanischen Namen *pimentón ahumado* bekannte Paprikapulver ist hergestellt aus geräucherten, getrockneten und gemahlenen Chilischoten. Die jeweils gewählte Sorte bestimmt die spätere Schärfe und das Aroma; es gibt drei Schärfegrade: mild, mittelscharf, scharf. Nur ein bisschen Pulver hat bereits eine große Wirkung, wenn Sie eine Sauce, ein Dressing oder ein anderes Gericht mit einem köstlichen rauchig-pikanten Hauch bereichern möchten. »Pimentón de la Vera« ist eine geschützte Herkunftsbezeichnung für das aus der Extremadura stammende Paprikapulver; andere, oft nicht in Spanien hergestellte Sorten werden unter der Bezeichnung Smoked Paprika angeboten.

Taboulé Ein Salat der libanesischen Küche, bestehend aus gehackter Petersilie, Frühlingszwiebeln, Bulgur, Olivenöl und Zitronensaft. Weitere Zutaten können u.a. Salatgurke, Minze oder Tomaten sein.

Tahini Eine Paste aus leicht gerösteten, fein gemahlenen Sesamsamen, die sehr beliebt in den Küchen des Nahen Ostens ist. Auch bekannt als Tahin oder Tahina.

Tamari Sojasaucen sind unverzichtbarer Bestandteil der ost- und südostasiatischen Küche. Tamari ist eine japanische Sorte und ebenso wie andere Sojasaucen aus fermentierten

Sojabohnen hergestellt. Allerdings wird für Tamari den Sojabohnen kein Reis oder Weizen beigemischt, somit ist sie glutenfrei. Die Sauce hat eine dickflüssigere und weniger salzhaltige Konsistenz und ein volleres Aroma. Wenn möglich, sollte die Wahl auf eine salzreduzierte Version fallen.

Thai-Currypaste Die thailändische Küche kennt eine Vielzahl von Kombinationen aus frischen wie getrockneten Kräutern und Gewürzen, die zu einer glatten Paste zerstoßen für Currys und andere Gerichte verwendet werden. Jede Mischung besitzt ein eigenes, ganz unverwechselbares Aroma. Am verbreitetsten sind die grüne, rote und gelbe, Panang- und Massaman-Currypaste. Traditionelle thailändische Currypasten enthalten üblicherweise gemahlene getrocknete Garnelen, doch manche Hersteller bieten auch garnelenfreie Pasten an. Besonders Veganer sollten daher die Zutatenliste auf dem Etikett genau lesen.

Tofu Tofu (selten auch als Bohnenquark bezeichnet) ist eine Basiszutat der Küchen Asiens. Es gibt eine Vielzahl von Tofuarten, wobei man grob zwischen weichem oder Seidentofu, festem und sehr festem Tofu unterscheidet. Da sich der konventionelle Sojabohnenanbau oft auf genetisch veränderte Pflanzen stützt, ist Tofu aus biologisch angebauten Sojabohnen die bessere Wahl.

Walnussöl Milder als Olivenöl und ideal für ein Salatdressing mit einem zart-feinen Aroma. Sowohl aus Geschmacks- wie aus Gesundheitsgründen empfielt sich die Wahl eines kaltgepressten, d.h. nicht raffinierten Walnussöls. Zum Schutz der empfindlichen Fettsäuren sollte das Öl im Kühlschrank aufbewahrt werden.

Index

Die Rezepttitel sind *kursiv* gedruckt.